Dr. Friedrich Soretz

Das schmeckt!

Das Kochbuch zum Projekt iss dich fit!

RUT- UND KLAUS-BAHLSEN-STIFTUNG

Neue Presse NP

DR. FRIEDRICH SORETZ
ORGANISATIONSBERATUNG

Gesundes Essen für Kinder:

Eltern und Kinder wissen in aller Regel sehr genau, wie wichtig gesundes Essen ist, um groß und stark zu werden. Doch wenn Geld oder Zeit knapp sind, wenn man vielleicht nicht gern selbst kocht, dann gerät die Frage nach der Qualität des Essens leicht in den Hintergrund. Viele Menschen wissen nicht, dass gesundes Essen nicht aufwendiger sein muss und dass es auch gut schmeckt.
Gerade ganztägige Bildungseinrichtungen können hier einen wichtigen Beitrag zur gesunden Ernährung leisten. Kitas und Familienzentren werden zunehmend zum zentralen Lebens- und Erfahrungsraum von Kindern und ihren Familien. Dort gemeinsam zu essen ist eine Chance für Gesundheit, Leistungsfähigkeit und das soziale Miteinander.

eine „Hilfe zur Selbsthilfe"

Als Bildungseinrichtungen haben sie die Möglichkeiten und den Auftrag, über das Zubereiten gesunden Essens hinaus ernährungspädagogische Arbeit zu leisten.
Seit mehr als 30 Jahren engagiert sich die Rut- und Klaus-Bahlsen-Stiftung in Hannover auch für Ernährung, Gesundheit und Ökologie. Gemeinsam mit der Landeshauptstadt Hannover wendet sie sich mit dem Projekt iss dich fit! an die Kleinsten, ihre Eltern und Betreuer. Spielerisch und einprägsam, theoretisch und praxisorientiert wird in individueller Projektarbeit das Interesse am Thema Ernährung geweckt.
Die Erfahrungen aus zehnjähriger Projektarbeit mit etwa 3000 Kindern und weit über hundert Einrichtungen fließen nun in die überarbeitete und wesentlich erweiterte zweite Auflage dieses Kochbuches ein. Ein besonderes Augenmerk ist jetzt auch auf die spezifischen Bedürfnisse der Kinder unter drei Jahren beim Essen gelegt.
Wir würden uns freuen, wenn das von der Landeshauptstadt Hannover und der Rut- und Klaus-Bahlsen-Stiftung gemeinsam getragene, von der Stiftung finanzierte und von Dr. Friedrich Soretz und seinem Team mit großem Engagement betriebene Projekt auch zukünftig mit Interesse aufgenommen wird. Diese Veröffentlichung bietet eine gute „Hilfe zur Selbsthilfe" für eine täglich gesunde Ernährung für Kinder.

Prof. Dr. Burkhard Huch

Vorsitzender des Vorstands der
Rut- und Klaus-Bahlsen-Stiftung

Stefan Schostok

Oberbürgermeister der
Landeshauptstadt Hannover

Essen ist eine Hauptsache

Seit 2006 gibt es in Hannover das Projekt iss dich fit!, in dem sich mit jedem Jahr mehr Kitas, Familienzentren und Schulen mit der Frage beschäftigen, wie gesunde Ernährung im Alltag der Einrichtung umgesetzt, im besten Falle gelebt werden kann, sodass die Kinder wieder den selbstverständlichen Umgang mit Lebensmitteln erfahren.

Dabei wird das Projektthema von den verschiedensten Seiten angegangen: riechen, schmecken, sehen und fühlen, experimentieren und fantasievoll kombinieren, zubereiten und anrichten – das alles gehört dazu. Es wird gekocht, probiert und gemeinsam gegessen. Es wird informiert, über gesundes Essen gesprochen, mit Eltern, Mitarbeiterinnen und Mitarbeitern der Einrichtungen über die Probleme des Alltags diskutiert, gemeinsam eingekauft, gefeiert, gebastelt und vieles mehr. Denn besonders praktische und sinnliche Erfahrungen mit allem, was zum Essen dazugehört, sind der beste Weg, um für gesunde Ernährung zu begeistern.

Mit der vermehrten Gründung von Krippen und Krabbelstuben hat sich nicht nur der pädagogische Alltag verändert, es stellen sich auch neue Anforderungen an die Verpflegungssituation in den Einrichtungen. Einiges muss mit den Eltern gut abgestimmt werden, und auch hier brauchen manche Familien Unterstützung in teils ganz praktischen Fragen. Den Kleinsten ist daher eigens ein neues Kapitel in diesem Buch gewidmet.

Im Jahr 2013 erschien unter dem Titel „bunt isst gesund!" ein Buch mit zahlreichen methodischen Anregungen für Pädagoginnen, Pädagogen und Eltern. Mit der Einrichtung der Projekthomepage www.click-dich-fit.de wurde eine Möglichkeit geschaffen, mit der sich jeder leicht über Inhalte des Projektes informieren kann. Das Onlineangebot wurde 2014 unter der Adresse www.foodstamatic.de um eine Homepage für Jugendliche erweitert.

Dass es gelungen ist, das Projekt so bedarfsorientiert zu gestalten, ist vor allem ein Verdienst von Stefan Rauhaus, der als Bereichsleiter Kindertagesstätten die Landeshauptstadt Hannover in dem Projekt vertritt. Unser besonderer Dank gilt der Rut- und Klaus-Bahlsen-Stiftung und ihrem Vorsitzenden, Herrn Prof. Dr. Burkhard Huch, ohne deren großzügige Finanzierung und kompetente Unterstützung dieses Projekt nicht möglich wäre.

Dr. Friedrich Soretz (links) und Nicole Eckelmann

Dr. Friedrich Soretz

hat das Projekt iss dich fit! konzipiert und leitet es. Der Pädagoge berät mit einer eigenen Firma Organisationen aus den Bereichen Kultur und Bildung.
Aktuelles über das Projekt finden Sie unter **www.click-dich-fit.de**.

TICKETS

Inhalt

BASISREZEPTE

AM MORGEN

VORSPEISEN

HAUPTSPEISEN

SNACKS

DESSERTS UND SÜSSE HAUPTMAHLZEITEN

FEIERN

LEGENDE

EL = Esslöffel
g = Gramm
kg = Kilogramm
l = Liter
ml = Milliliter
TL = Teelöffel

Ran an die Töpfe

Gemeinsam zu kochen und zu essen ist eine der schönsten Erfahrungen, die Kinder machen können. Der Spaß am Zubereiten, die Freude am Erfolg und die Lust am Genießen – das sind die Zutaten für den Geschmack der Kindheit, der uns ein Leben lang begleiten kann.

In vielen Familien sind das keine Selbstverständlichkeiten mehr, und so lernen viele Kinder Essen über Fertigprodukte und Fast Food kennen, ohne selbst beim Zubereiten dabei gewesen zu sein oder gar selbst etwas gekocht zu haben.

Im Projekt iss dich fit! geht es seit nunmehr zehn Jahren genau darum, dass Kinder wieder den Umgang mit Lebensmitteln erleben. Riechen, schmecken, sehen und fühlen, experimentieren und fantasievoll kombinieren, zubereiten und anrichten – das alles gehört dazu.

Das erste Kochbuch aus dem Projekt iss dich fit! enthielt eine Sammlung von Rezepten, die dafür besonders geeignet sind, weil sie im Kindergartenalltag erprobt und bewährt sind. Das Buch war so erfolgreich, dass wir bald beschlossen haben, ein zweites zu produzieren. Vieles konnten wir aus dem ersten Buch übernehmen, einiges haben wir dabei noch etwas verbessert. In diesem zweiten Kochbuch haben wir aber auch Neues hinzugefügt.

Auch diese Sammlung ist also wieder eine bunte Mischung aus Rezepten, die wir in den Projektkursen von iss dich fit! benutzen, die Eltern selbst mitgebracht haben oder die Erfolgsrezepte von erfahrenen Hauswirtschaftskräften und Köchen sind. „Das schmeckt!" enthält jetzt aber auch ein Kapitel mit Grundrezepten, die den Übergang zum Experimentieren und freien Kochen erleichtern, wenn man sich nicht mehr nur an den Rezepten orientieren will. Und weil viele Eltern von Schulkindern nach Ideen gefragt haben, was sie zur Abwechslung in die Brotdose tun könnten, haben wir die Themen Brotdose und Snacks etwas erweitert.

„Das schmeckt!" ist eine Einladung an Sie alle, sich mit Spaß ans gemeinsame Kochen zu machen. Es ist für jeden etwas dabei: leichte und anspruchsvolle Rezepte, Süßes und Herzhaftes, Schnelles und Aufwendiges. Und überall gibt es Möglichkeiten, wo die Kinder mitmachen können – wenn man sie nur lässt und ein paar kleine Küchenregeln beachtet, die wir für Sie auch zusammengestellt haben. Sie werden überrascht sein, was die Kinder schon können und wie gern sie mitmachen. Und das Ergebnis wird bestimmt lecker sein.

Also: Ran an die Töpfe und viel Erfolg beim Kochen!

Kindern macht Essen Spaß

Kinder entscheiden sich nicht bewusst für oder gegen gesunde Lebensmittel – sie suchen danach aus, ob ihre Sinne angesprochen werden. Frisches Obst und Gemüse schmeckt nicht nur, es sieht lecker aus, riecht frisch und fühlt sich auch gut an. Kinder genießen das Essen mit allen Sinnen!

Kinder sind neugierig und machen gern bei der Planung und Zubereitung des Essens mit. In den Projektkursen von iss dich fit! probieren sie auch beinahe alles, selbst wenn sie anfangs manchmal skeptisch sind. Und in dem Maße, wie sie beteiligt sind, wächst auch die Freude am vielfältigen und gesunden Essen. Das fängt manchmal mit kleinen Dingen an: Gemüsestreifen, die sie mit der Hand in einen Dip tunken können, essen die Kinder gern, auch wenn sie einen fertig zubereiteten Salat mit Dressing nicht mögen. Sogar echte Gemüsemuffel können sich für eine Minestrone begeistern, nachdem sie sie selbst gekocht haben. Manche Kinder essen auch Obstsorten, die sie vorher gar nicht mochten, wenn sie sie mit anderem Obst auf einen Spieß gesteckt, im Milchshake püriert oder mit Quark oder Joghurt vermischt haben. Kleine Geschichten oder fantasievolle Namen sorgen dann noch dafür, dass selbst unspektakuläre Gerichte eine Besonderheit werden.

Ein gesundes Essen braucht auch einen angemessenen Rahmen, der zum Genießen einlädt. Meist gehört nicht viel dazu, eine passende Atmosphäre herzustellen. Kinder orientieren sich natürlich zuerst an ihren Vorbildern: an ihren Eltern, an Freunden, an den Erziehern oder Lehrern. Wenn Sie beim Essen eine angenehme, genießerische Stimmung verbreiten, schauen sich die Kinder das von Ihnen gern ab.

Ein paar grundsätzliche Regeln haben wir dazu im Projekt eingeführt:

- Beziehen Sie Ihre Kinder bei Essensplanung, Einkauf und Zubereitung mit ein.
- Schaffen Sie gemeinsam mit Ihren Kindern eine schöne Tischatmosphäre und essen Sie ungestört, ohne Fernseher oder eine andere Ablenkung. Seien Sie selbst ein gutes Vorbild (Ihre Einstellung zum Essen, Ihre Tischsitten ...).
- Kinder essen auch mit dem Auge: Gestalten Sie bunte Teller, trennen Sie Fleisch und Beilagen auf dem Teller (kein Durcheinander). Kinder dürfen ihre Portionsgröße selbst bestimmen, und sie können gern nachnehmen – nur Lieblingsdinge herauszupicken ist allerdings nicht erlaubt. „Teller leer machen" und ähnliche Regeln gelten nicht mehr.
- Es wird regelmäßig von allem probiert, weil sich die Vorlieben oft noch ändern.
- Essen ist weder Belohnung noch Strafe, Trost oder Ausdruck von Zuneigung.

Gesund essen heißt bunt essen

Wenn die Kinder mit Spaß bei der Planung und Zubereitung des Essens mitmachen, sind die Voraussetzungen gut dafür, dass sie auch vielfältig essen. Die Erwachsenen müssen jetzt nur noch dafür sorgen, dass der Speiseplan ausgewogen zusammengestellt ist. Die einfachste Faustformel heißt: „Gesund essen heißt bunt essen!" Bei der Auswahl von Obst und Gemüse sollten möglichst viele verschiedene Farben vertreten sein, weil so automatisch sehr unterschiedliche Sorten mit verschiedenen Nährstoffen ausgewählt werden.

Wichtig ist aber auch die Zusammenstellung nach den Lebensmittelgruppen. Wählen Sie täglich aus allen Lebensmittelgruppen: Getränke, Getreideprodukte (Brot, Reis, Nudeln), Kartoffeln, Obst, Gemüse, Milchprodukte, Fleisch/Fisch/Ei, Fette und Süßigkeiten. Für einen gesunden Speiseplan kommt es auch darauf an, dass sich die Lebensmittel im richtigen Verhältnis zueinander befinden. Auch wenn zum Beispiel Süßigkeiten in kleinen Mengen „erlaubt" sind, soll man sich daran ja nicht satt essen.

Anhand der Empfehlungen der Deutschen Gesellschaft für Ernährung lassen sich die Grundlagen gesunder Ernährung in einer Pyramide anschaulich darstellen. Sie zeigt, wie viele Portionen aus den Lebensmittelgruppen jeweils täglich gegessen werden sollten. Jeder Baustein in der Pyramide entspricht einer Portion, also einer Handvoll oder einem Glas. Anhand der Ampelfarben wird auch deutlich, wo man großzügig sein kann und wo man vorsichtig sein sollte.

Die Ernährungspyramide

Grün heißt freie Fahrt

Reichlich pflanzliche Lebensmittel und Getränke zum satt essen und Durst löschen. Hier können die angegebenen Portionen auch überschritten werden:

- Getreide (auch Reis, Hirse usw., möglichst mit Vollkorn) als Brot, Brötchen, Nudeln oder Müsli
- Kartoffeln
- Obst und Gemüse roh, kurz gegart oder als Saftschorle
- Hülsenfrüchte wie Linsen, Bohnen oder Erbsen

Gelb bedeutet Achtung:

Möglichst fettarme tierische Lebensmittel in Maßen:

- Milch, Joghurt, Käse oder Quark
- nur ein- bis zweimal pro Woche Fleisch
- wenig Wurst und Aufschnitt
- möglichst einmal pro Woche Fisch

Rot signalisiert Bremsen:

Fette, Süßes und Fast Food als Ausnahme:

- sparsam Fett zum Braten, im Dressing oder als Brotaufstrich
- als Besonderheit Süßes oder salzige Knabbereien
- Marmelade, Honig, Schokocremes
- möglichst selten Fast Food wie Pommes frites, Burger oder Fertigprodukte
- möglichst keine zuckerreichen Getränke wie Limonade, Cola oder Eistee

Tipp

Unsere Hand hilft bei der Bestimmung von Portionen. Durch die jeweils andere Größe wird so schon der unterschiedliche Bedarf von Kleinkindern, Jugendlichen und Erwachsenen berücksichtigt.

- Eine Portion Beilagen, Salat oder klein geschnittenes Obst oder Gemüse entspricht zwei locker zu einem Körbchen zusammengelegten Händen.
- Eine Portion Obst oder Gemüse entspricht einer Handvoll.
- Eine Portion Brot entspricht der gesamten Handfläche.
- Eine Portion Fleisch entspricht der Handfläche ohne Finger, bei Fisch ist es die gesamte Handfläche.
- Eine Portion Süßigkeiten entspricht einer Handvoll.
- Eine Portion Getränk entspricht einem Glas von circa 200 Millilitern.

Fett- und Zuckerdetektive

Im Alltag essen wir oft zu süß und zu fett. Dabei ist es meist gar nicht so schwer, eine gesündere Alternative zu finden, die genauso lecker ist. Frisches Obst und Gemüse sind natürlich immer die beste Wahl, aber zu vielen mächtigen Speisen gibt es auch eine ganz ähnliche Variante, die viel leichter ist. Und oft ist die auch leicht selbst zuzubereiten, sodass man auch genau weiß, was wirklich in der Speise steckt.

ANSTATT	BESSER
Bratwurst, paniertes Fleisch	mageres Fleisch natur (gebraten oder gegrillt)
Fleischwurst, Mortadella, Salami, Leberwurst	roher oder gekochter Schinken, Bratenaufschnitt, Putenbrust, Kasseler
Bratkartoffeln, Pommes frites, Kroketten	Pell- oder Salzkartoffeln, frisches Kartoffelpüree
fettreiche Gebäcke wie z. B. Sahnetorte, Blätterteigteilchen, Frankfurter Kranz	Selbstgebackenes mit wenig Zucker, Obstkuchen aus Hefeteig, Kuchen aus Quark-Öl-Teig
Kartoffelchips, Knabbereien, Süßigkeiten	Gemüsesticks mit Dip, frisches oder getrocknetes Obst
Fast Food und Fertigprodukte	selbst zubereitete Speisen aus frischen Zutaten
ein Stück „gute Butter" oder ein Schuss Sahne in Suppen, Soßen oder Gemüse zum Abschmecken	verfeinern mit saurer Sahne, Kräutern oder einer Sahne-Milch-Mischung
Braten mit viel Fett, Frittieren	braten mit wenig Fett in beschichteten Pfannen, Fischstäbchen u. Ä. im Backofen zubereiten
Limonade, Cola, Eistee	Wasser, Früchte- oder Kräutertee, Saftschorle (ein Drittel Saft)

Spürnasen im Supermarkt

Für eine gesunde und wohlschmeckende Ernährung ist es besonders wichtig, gute Zutaten einzukaufen. Das ist oft nicht schwer und muss auch nicht teurer sein. Manchmal reicht es schon, aus der Auswahl die besten Früchte auszusuchen.

Obst und Gemüse sollten aus der Region stammen und zur Jahreszeit passen. Wählen Sie Lebensmittel, die möglichst wenig verarbeitet sind, denn sie enthalten meist weniger Fett, Zusatzstoffe und Zucker. Im Zweifelsfall schauen Sie auf die Zutatenliste, die Ihnen genau sagt, was in dem Produkt ist.

Augen auf beim Einkauf

Tipp: Die Zutatenliste

- Auflistung aller Zutaten: Am Anfang stehen die Zutaten, die den größten Bestandteil des Produktes ausmachen.
- Vorsicht: Zucker erscheint auch unter anderen Namen: Sie enden mit -ose, wie z. B. Saccharose oder Dextrose oder sind als Sirup gekennzeichnet.
- Je weniger zusätzliche Zutaten, desto besser!

- Fleisch: kräftig rosarot oder rot, marmoriert, Fett weiß.
- Fisch: glänzende, rote Kiemen, klare Augen.
- Gemüse/Obst: Blätter dürfen nicht welk oder vergilbt sein, Schnittflächen an den Stängeln oder Wurzeln müssen hell und feucht sein, nicht verholzt oder braun.
- Keine Früchte mit Druckstellen oder Kernhausschimmel kaufen, keinen Salat mit braunen Rändern, faulige Trauben usw.
- Nachreifende Früchte können ruhig noch etwas unreif sein: Äpfel, Aprikosen, Avocados, Bananen, Birnen, Kiwis, Mangos, Nektarinen, Pfirsiche, Pflaumen, Tomaten, Wassermelonen.
- Nicht nachreifende Früchte müssen bald verzehrt werden, weil sie sonst verderben: Ananas, Brombeeren, Erdbeeren, Gurken, Himbeeren, Kirschen, Mandarinen, Orangen, Trauben, Zitrusfrüchte.
- Frische regionale und saisonale Lebensmittel wählen.
- Preis: Der Grundpreis hilft beim Preisvergleich (im Geschäft muss der Grundpreis pro Kilo, Liter, 100 Gramm oder 100 Milliliter angegeben sein).
- Tiefkühlprodukte: Packungen von unterhalb der Stapelgrenze (an der Seite der Truhe ist eine Markierung zu sehen) nehmen.

Hygiene – damit das Essen lecker bleibt

Bevor es jetzt mit dem Kochen losgeht, müssen ein paar Küchenregeln beachtet werden!

- Vor dem Kochen immer die Hände waschen.
- Lange Haare zusammenbinden, damit sie nicht im Essen landen.
- Beim Husten oder Niesen den Kopf immer vom Essen abwenden.
- Den Arbeitsplatz gut vorbereiten: Sind alle Zutaten, Messer und Schüsseln da? Wohin kommt der Abfall?
- Wenn das Gekochte probiert werden soll, mit einem sauberen Löffel eine kleine Portion auf einen zweiten Löffel geben. So gerät der Speichel nicht ins Essen.
- Empfindliche Zutaten wie Fleisch, Fisch und Eier erst kurz vorher aus dem Kühlschrank holen.
- Den Arbeitsplatz aufräumen und mit heißem Seifenwasser säubern.
- Kleine Verletzungen an der Haut mit einem Pflaster abdecken, damit kein Blut ins Essen kommt.
- Reste des gekochten Essens gut abgedeckt im Kühlschrank aufbewahren. Beim Aufwärmen wieder gut durchkochen.

Sicher ist sicher

- Immer mit der „Katzenkralle“ schneiden, so bleiben die Finger heil.
- Nie mit einem Messer in der Hand herumlaufen! Und wenn die Messer nicht mehr benötigt werden, gleich wieder sicher weglegen!
- Verschüttetes immer gleich aufwischen, damit der Arbeitsplatz sauber bleibt und keiner ausrutscht.
- Stets Topflappen oder Ofenhandschuhe benutzen, wenn man heiße Töpfe, Bleche oder Pfannen anfassen muss!
- Nach der Benutzung immer den Herd bzw. Ofen ausschalten!
- Heiße Pfannen, Bleche oder Töpfe nur auf hitzebeständigen Flächen abstellen!
- Töpfe oder Pfannen immer mit einer Hand gut festhalten, wenn man darin etwas umrühren muss!
- Damit man Pfannen nicht versehentlich vom Herd stößt, den Stiel zur Seite drehen, sodass er nicht nach vorn steht.

Kochen, dünsten oder lieber braten?

In der Küche werden viele verschiedene Garmethoden angewendet. Welches Garverfahren man auswählt, hängt davon ab, welche Lebensmittel man verwenden möchte und was für ein Gericht man kochen will. Jedes Garverfahren wirkt sich unterschiedlich auf die Lebensmittel aus. Einige Veränderungen sind gewünscht und wirken sich positiv auf die Qualität der Speisen aus. So werden sie besser bekömmlich, Krankheitserreger wie zum Beispiel Salmonellen werden abgetötet, die Aufnahme von einigen Inhaltsstoffen wird verbessert und es entstehen Röst- und Aromastoffe, die den Geschmack deutlich verbessern.

Andere Veränderungen wirken sich auch negativ auf die Lebensmittel aus. Wird etwa Gemüse in viel Wasser gekocht, so verliert es wichtige Vitamine und Mineralstoffe. Brät man Rindfleisch sehr lange, wird es zäh. Daher sollte man sich immer genau überlegen, welches Garverfahren sich am besten für die Zubereitung einer bestimmten Speise bzw. eines Lebensmittels eignet.

Braten

Fleisch, Fisch und Kartoffeln sind Lebensmittel, die sich gut zum Braten eignen. Die Lebensmittel werden entweder im eigenen Fett oder mit möglichst wenig Bratfett in der Pfanne bei circa 180 °C oder im Backofen bei 180 bis 200 °C gebraten. Beim Braten in der Pfanne wird zuerst das Fett erhitzt und dann das Bratstück dazugegeben, von allen Seiten angebraten und dann bei mittlerer Hitze fertig gegart – am wenigsten Fett braucht man mit einer beschichteten Pfanne. Zum Braten im Backofen eignen sich Bratstücke, die ein Kilo oder mehr wiegen, zum Beispiel die klassische Weihnachtsgans.

Durch das Braten bildet sich eine kräftige, würzige Kruste. Auf dem Pfannenboden haben sich Röststoffe gesammelt, die als Grundlage für eine köstliche Bratensoße geeignet sind. Durch das anfängliche Anbraten schließen sich die Poren, und das Fleisch bleibt innen saftig. Zum anschließenden Garen reicht eine niedrigere Temperatur; so wird auch die Entstehung von krebserregenden Acrylamiden verringert. Zum Braten sollte man nur hitzebeständiges Bratfett verwenden, beispielsweise Rapsöl, Erdnussöl, Butterfett. Manchmal brennen Teile des Bratenstückes an, es entsteht eine schwarze Kruste. Die sollte man in jedem Fall abschneiden, da sie krebserregende Stoffe enthalten kann.

Braten ist eine Garmethode, bei der die hitzeempfindlichen Vitamine und Mineralstoffe zum Teil zerstört werden können. Wer kein geeignetes Kochgeschirr (Bratschlauch, beschichtete Pfanne) hat, verwendet oft zu viel Fett. Beim Braten bilden sich Acrylamide, die Krebs auslösen und das Erbgut schädigen können.

Das schmeckt!

Dämpfen

Dämpfen eignet sich gut für die Zubereitung von Gemüse, Kartoffeln, Fisch oder auch für Spezialitäten wie Hefeklöße und Dampfnudeln. Die Lebensmittel garen in einem Sieb über möglichst wenig kochendem Wasser, ohne es zu berühren. Je nach Kochgeschirr kann ein Fingerbreit reichen. Dabei muss der Topf mit einem Deckel geschlossen sein, damit der Wasserdampf im Kochtopf zirkulieren kann.
Dämpfen ist ein fettarmes und schonendes Garen. Beim Dämpfen sollte erst nach dem Garen gewürzt werden. Das kann sparsam sein, denn die Lebensmittel behalten ihren Eigengeschmack. Außerdem verlieren sie kaum Vitamine und Mineralstoffe, und sie bleiben in Form und Farbe nahezu gleich.
Das verwendete Wasser kann nach eigenem Geschmack verfeinert werden, zum Beispiel mit Kräutern oder Zitronensaft. Wer mag, kann auch Brühe verwenden.

Dünsten

Alle wasserhaltigen Lebensmittel, wie Obst, Gemüse oder Fisch, können gut gedünstet werden. Ebenso wie beim Dämpfen garen die Lebensmittel im geschlossenen Kochgeschirr bei einer Temperatur von circa 80 bis 100 °C. Beim Dünsten wird kaum Wasser oder Fett zugegeben. Durch ihren hohen eigenen Wassergehalt garen die Lebensmittel im eigenen Saft. Weil nur wenig Wasser verwendet wird, werden den Lebensmitteln nur wenig wasserlösliche Vitamine und Mineralstoffe entzogen.

Dünsten ist ein fettarmes und schonendes Garen. Auch beim Dünsten kann sparsam und möglichst spät gewürzt werden, denn die Lebensmittel behalten ihren Eigengeschmack. Außerdem verlieren sie kaum Vitamine und Mineralstoffe und behalten ihre Farbe.

Kochen

Stärkereiche Teigwaren, Hülsenfrüchte, Fleisch und Knochen können gut gekocht werden. Die Nahrungsmittel werden in reichlich siedender Flüssigkeit gegart. Trotzdem sollte man versuchen, so wenig Wasser wie möglich zu nehmen, damit der Verlust der wasserlöslichen Vitamine und Mineralstoffe gering bleibt. Kartoffeln sollen zum Beispiel nur knapp mit Wasser bedeckt sein.

Die Lebensmittel laugen beim Kochen aus, und ihre meist wasserlöslichen Vitamine und Mineralstoffe gehen in die Kochflüssigkeit über. Daher sollte man dieses Garverfahren nicht zum Garen von Gemüse verwenden. Ideal ist es für die Zubereitung von Nudeln oder Pellkartoffeln und für Speisen, bei denen man die Kochflüssigkeit weiterverwendet, zum Beispiel Eintöpfe, Suppen, Brühen oder Soßen.

Schmoren

Fleischstücke, die man beispielsweise für Gulasch, Rouladen oder Sauerfleisch verwendet, kann man schmoren, aber auch Gemüse lässt sich so zubereiten.

Fleisch wird vor dem Schmoren kurz von allen Seiten bei hoher Temperatur kräftig angebraten und abgelöscht, damit sich die Fleischporen schließen. Gemüse braucht diese Vorbereitung nicht. Beim eigentlichen Schmoren wird das Gargut mit etwas Flüssigkeit, zum Beispiel Wasser, Brühe oder Wein, bei mittlerer Temperatur im geschlossenen Kochgeschirr langsam gegart.

Wie auch beim Braten werden hitzeempfindliche Vitamine zerstört.

Wenn die Garflüssigkeit weiter genutzt wird, etwa als Bratensoße, bleiben zumindest wasserlösliche Vitamine erhalten. Wenn man das Fleisch vor dem Schmoren anbrät, sollte man das in geeignetem Kochgeschirr mit wenig Fett tun.

Gesund von Anfang an

Seit einiger Zeit werden immer mehr Kinder unter drei Jahren in Kitas betreut, weil zunehmend mehr Krippen eingerichtet oder Krippenplätze in bestehenden Einrichtungen angeboten werden. Neben den veränderten pädagogischen Aufgaben bringt das auch die Frage mit sich, welche besonderen Bedürfnisse der teils sehr jungen Kinder bei der Verpflegung zu beachten sind.

Das betrifft auch die Elternhäuser. Denn Eltern werden oft mit sehr unterschiedlichen und teils auch widersprüchlichen Empfehlungen konfrontiert, und sie sind oft nicht sicher, wie sie alles richtig machen können. Spätestens mit dem Übergang zur Familienkost wird es einfach, denn Sie können für die Kleinsten das gleiche gesunde Essen kochen wie für die übrige Familie – mit ganz wenigen Einschränkungen beim Würzen und bei der Konsistenz der Speisen. Davor liegt etwa ein Jahr, in dessen zweiter Hälfte Sie den Übergang von Muttermilch zur Beikost auch mit Selbstgekochtem gesund gestalten können.

Ernährung von Kleinkindern: Grundsätzliches

In den ersten drei Lebensjahren durchlaufen Kinder eine rasante Entwicklung, was Geschmack und Verträglichkeit von Lebensmitteln angeht – nie wieder wird sich in ihrem Leben beim Essen und Trinken so viel in so kurzer Zeit ändern. Weil in dieser Zeit der Geschmackssinn noch entwickelt wird und das Verdauungs- und das Immunsystem noch im Aufbau sind, gelten hier besondere Anforderungen an Hygiene, Konsistenz und Zusammensetzung der Nahrung. In den meisten Punkten unterscheidet sich die Ernährung nicht grundsätzlich von der für ältere Kinder: Auch sie soll möglichst natürlich und ausgewogen sein. Anders als bei Kindergartenkindern darf in dieser besonderen Wachstumsphase die Ernährung aber etwas energiereicher sein – vor allem so lange, wie die Kinder nicht zu viele Mahlzeiten zwischendurch bekommen – etwa die allgegenwärtige Reiswaffel, die viele Kinder eher zur Beruhigung als gegen ein echtes Hungergefühl angeboten bekommen.

Ernährung im ersten Lebensjahr

Im ersten Lebensjahr ist bei den Kindern die Verdauungsfunktion, vor allem die Funktion von Leber und Niere, noch nicht ausgereift. Es sind nicht alle Verdauungsenzyme vorhanden, und es wird nicht genügend Magensäure produziert. Anfangs ist daher für Säuglinge Muttermilch die beste Ernährung. Wenn die nicht gegeben werden kann, muss auf spezielle Säuglingsmilchnahrung zurückgegriffen werden. Die Nahrung muss hygienisch einwandfrei und sollte möglichst unbelastet von Schadstoffen sein. Ab etwa einem halben Jahr kann dann allmählich vom Stillen oder von der Säuglingsmilch zur Beikost übergegangen werden. Neue Lebensmittel führt man am besten nacheinander und mit etwas zeitlichem Abstand ein, dann können eventuelle Reaktionen des Babys besser beobachtet werden. Die Empfehlung gilt genauso für Kinder mit erhöhtem Allergierisiko. Es konnte nach neueren Forschungsergebnissen doch kein Vorteil festgestellt werden, wenn einzelne Lebensmittel später oder gar nicht eingeführt wurden.

Muttermilch

In den ersten vier bis sechs Monaten ist es am besten, das Baby ausschließlich mit Muttermilch zu ernähren. Wenn möglich, sollte es gestillt werden. Das erspart viele praktische Probleme und ist in der Regel für die Beziehung zwischen Mutter und Kind sehr gut. Wenn die Milch abgepumpt werden muss, wird sie – wie alle andere Nahrung auch – je nach Hunger- bzw. Sättigungssignalen des Kindes gegeben. Es ist nicht sinnvoll, das Baby „auf Vorrat" füttern zu wollen. Abgepumpte Milch sollte zur Aufbewahrung unter hygienisc hen Bedingungen frisch abgefüllt und im Glasbehälter oder in einem speziellen Plastikbeutel aus der Apotheke aufgehoben werden, am besten mit einem Datum beschriftet.

Muttermilch hält sich

- bei 25 °C: vier bis sechs Stunden
- bei 19 bis 22 °C: zehn Stunden
- bei 15 °C: 24 Stunden
- im Kühlschrank (nicht in der Kühlschranktür!): drei Tage,
  wenn 0 bis 4 °C gewährleistet sind: fünf (maximal acht) Tage,
- im Tiefkühlgerät (bei bis -19 °C): sechs Monate und länger.

Milch aus der Kühlung sollte man langsam wieder auf Körpertemperatur aufwärmen. Milch aus dem Kühlschrank vorher kurz aufschütteln, tiefgekühlte Milch langsam im Kühlschrank oder bei Raumtemperatur auftauen. Wenn es mal schnell gehen muss, unter fließendem kaltem Wasser auftauen, das erst allmählich wärmer wird. Für das Erwärmen ist eine Mikrowelle ungeeignet. Einmal aufgetaut, kann die Muttermilch im Kühlschrank nur noch weitere 24 Stunden aufbewahrt werden (kein weiteres Einfrieren möglich!).

Industriell hergestellte Säuglingsmilchnahrung

Es kommt auch vor, dass Mütter Kinder nicht stillen und auch die Muttermilch nicht abpumpen können. Dann muss auf industriell hergestellte Säuglingsnahrung zurückgegriffen werden, von der es ein breites Sortiment gibt.

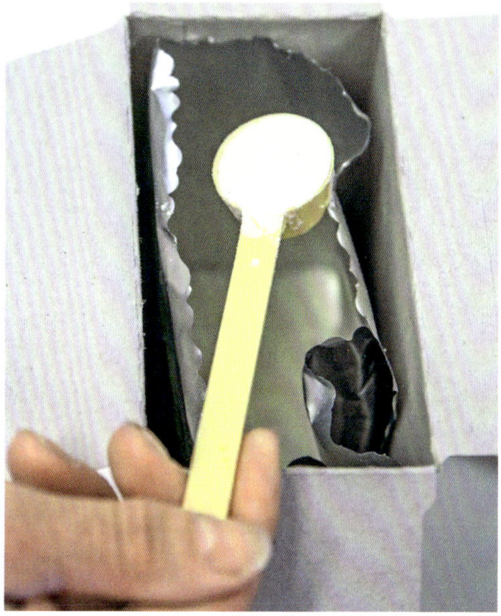

Zu Beginn (längstens bis zum Ende des ersten Lebensjahres) gibt es spezielle Anfangsnahrung (Pre oder 1) aus Kuhmilch, die an die Eigenschaften von Muttermilch angepasst wurde. Folgenahrung (2 und 3) ist etwa ab dem fünften Monat möglich. Für allergiegefährdete, nicht gestillte Säuglinge kann es sinnvoll sein, HA-Nahrung zu geben – dazu berät der Kinderarzt. Trinkwasser (Leitungswasser) eignet sich gut zur Zubereitung von Säuglingsnahrung, außer bei erhöhten Werten von Nitrat, Kupfer oder Blei (Informationen dazu gibt es beim örtlichen Gesundheitsamt oder beim Wasserwerk). Verwenden Sie kein Standwasser, sondern lassen Sie das Wasser etwas laufen, bis gleichmäßig kaltes Wasser aus dem Hahn kommt.

Mineralwasser eignet sich ebenfalls, wenn auf dem Etikett „Geeignet für die Zubereitung von Säuglingsnahrung" steht. Die Säuglingsnahrung sollte nach Packungsanweisung zubereitet und die dort angegebene Dosierung eingehalten werden, weil das die optimale Konsistenz und Nährstoffversorgung ermöglicht.

Allgemeine hygienische Anforderungen

Weil das Immunsystem der Säuglinge erst allmählich aufgebaut wird, muss man auch bei der Ernährung auf die nötige Hygiene achten. Beim Stillen ist das kein Problem, aber wer sein Baby mit der Flasche füttert, sollte ein paar Dinge beachten. Außer Muttermilch sollte nur handelsübliche, industriell hergestellte Säuglingsnahrung (keine Eigenmischungen) verwendet werden. Die Mahlzeiten sollten wegen möglicher Krankheitserreger immer sehr sorgfältig, frisch und sauber zubereitet werden. Angebrochene Packungen mit einem Clip verschließen, nicht umfüllen, ungeöffnete Packungen trocken, kühl und nicht neben scharf riechenden Lebensmitteln lagern. Nach Ablauf des Mindesthaltbarkeitsdatums (MHD) sollte Babynahrung nicht benutzt werden. Generell soll weder Muttermilch noch industrielle Säuglingsnahrung lange warmgehalten werden. Nach der Zubereitung wird das Essen gleich gefüttert, und Reste von zubereiteter Nahrung werden nicht weiterverwendet. Wasser soll bis zum sechsten Lebensmonat abgekocht werden (für fünf bis zehn Minuten). Größere Wassermengen können einmal täglich für den ganzen Tag abgekocht werden. Sie werden nach dem Abkühlen auf etwa 40 bis 50 °C in einer sauberen und gut verschlossenen Thermoskanne für den Rest des Tages aufbewahrt – am nächsten Tag muss diese Portion neu hergestellt werden. In eine weitere saubere verschließbare Kanne wird ganz abgekühltes abgekochtes Wasser gefüllt, mit dem das heiße Wasser so vermischt wird, dass die Temperatur der fertigen Säuglingsmilch angenehm warm auf der Handgelenksinnenseite ist (Vorsicht! Nicht zu heiß füttern!). Flaschen und Sauger müssen direkt nach jeder Mahlzeit gründlich ausgespült, sorgfältig gereinigt und trocken aufbewahrt werden; Gummisauger müssen von Zeit zu Zeit ausgekocht werden. Flaschen sollten direkt nach dem Spülen umgedreht auf einem gebügelten Küchentuch gelagert werden.

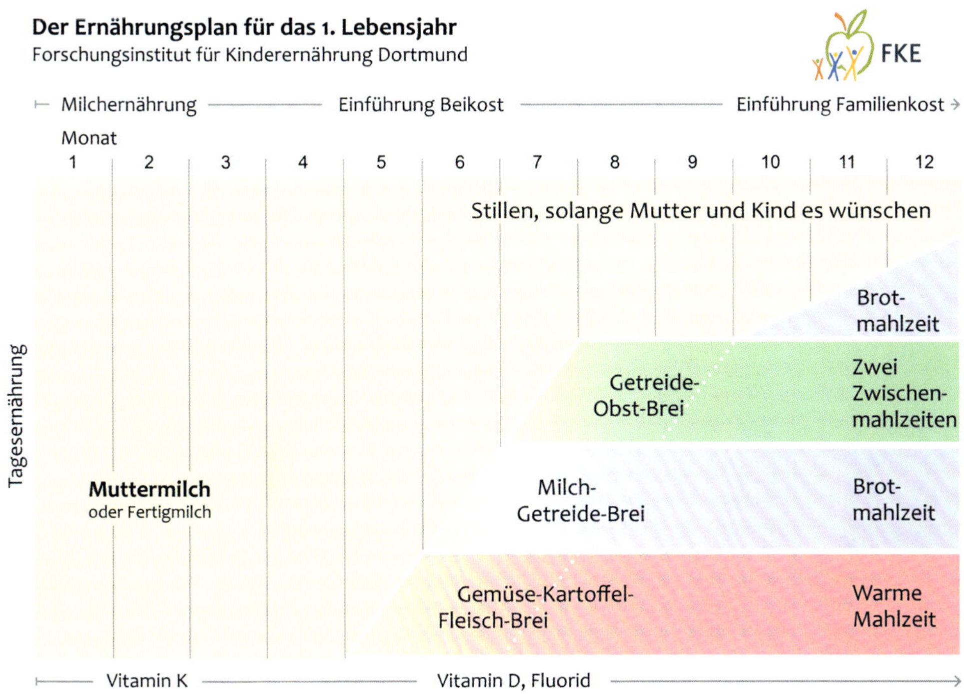

Beikost

Ungefähr ab dem fünften Monat kann damit begonnen werden, schrittweise die Milchmahlzeiten durch einen Brei zu ersetzen. Über den Zeitpunkt entscheidet das Baby selbst durch entsprechende Signale: Wenn es erstes Interesse zeigt, vom Löffel essen kann und seine motorisch-geistige Entwicklung entsprechend ist. Manchmal geschieht das auch erst im siebten Monat, und es lohnt sich nicht, der natürlichen Entwicklung des Kindes vorgreifen zu wollen. Als erster Brei eignet sich Gemüse-Kartoffel-Fleisch-Brei, weil er Eisen liefert und die Eisenreserven des Säuglings nach etwa vier bis sechs Monaten erschöpft sind.

Etwa einen Monat später (sechster bis achter Monat) kann eine weitere Milchmahlzeit durch Brei ersetzt werden. Als zweite Beikost eignet sich gut Milch-Getreide-Brei, er liefert besonders wertvolles Eiweiß und Kalzium.

Wieder einen Monat später (ab dem siebten bis neunten Monat) wird eine dritte Milchmahlzeit durch einen Brei ersetzt. Jetzt empfiehlt sich Getreide-Obst-Brei, der reich an Vitaminen ist.

Eigene Herstellung oder Fertigprodukte?

Gerade wenn die Zeit knapp ist, stellt sich manchmal die Frage, ob es sich wirklich lohnt, Kleinkindnahrung selbst herzustellen, wo es doch Lebensmittel schon für die Kleinsten in großer Auswahl gibt und der Preisunterschied zwischen gekaufter und selbst hergestellter Nahrung bei den kleinen Portionen oft nicht viel ausmacht. Für viele Eltern ist es aber wichtig, genau zu wissen, was in den Speisen enthalten ist und in welcher Qualität. Da kann es ein Vorteil sein, wenn man die Mahlzeiten selbst kocht: So kann man leichter die Art der Zutaten bestimmen und einen natürlichen Geschmack erhalten, ohne Zucker-, Salz- oder Gewürzzusätze. Und wo es wichtig ist, kann man auf Bioqualität und besonders schonende Verarbeitung achten.

Bei Fertigprodukten gibt die Zutatenliste Auskunft über Art und Menge der Zutaten; wer im genauen Lesen geübt ist, bekommt dort die wichtigsten Informationen. Teils ist der Gehalt an Eiweiß unnötig hoch, und teils sind auch unerwünschte Zutaten enthalten wie Schokolade, Aromen oder Nüsse. Auch Zuckerzusätze sollte man vermeiden. Manchmal ist der Zucker versteckt deklariert als Glukose, Fruktose o. Ä., aber auch diese Zuckerarten sind ungesund für Kleinkinder. Bei gekaufter wie bei selbst hergestellter Nahrung sollte man sich anfangs auf wenige Zutaten beschränken, die dann aber variiert werden, etwa über verschiedene Gemüsesorten oder kleine Mengen Nudeln oder Getreide. Der Speiseplan sollte genügend Fett und Fleisch enthalten und ab und zu auch fettreichen Fisch.

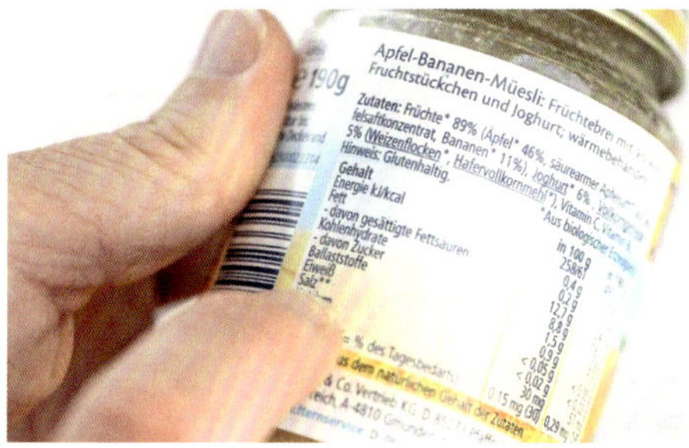

Brei selbst herstellen

Wenn man Breie selbst herstellt, sollte man die Möglichkeit nutzen, sich auf wenige Zutaten zu beschränken und neue Zutaten möglichst mit etwas Abstand einzuführen. So erkennt man es, wenn eine Zutat nicht gut vertragen wird. Die geschmackliche Vielfalt kann durch wechselnde Gemüse- und Obstsorten erreicht werden und durch verschiedene, kleine Mengen an Nudeln oder Getreide. Trinkmilch sollte im ersten Lebensjahr nur in kleinen Mengen dem Brei zugegeben werden, gegen Ende des ersten Lebensjahres gibt es sie dann in der Tasse zu einer Brotmahlzeit.

Einkauf

Obst und Gemüse sollten Sie nach Möglichkeit frisch und saisonal einkaufen. Gerade bei den kleinen Mengen lohnt es sich, die Waren in Bioqualität zu wählen. Das gilt unbedingt für besonders pestizidbelastete Gemüse- und Obstsorten, wie es zum Beispiel Paprika, Gurken, Tomaten, Salat, Weintrauben oder Zitrusfrüchte oft sind, und für viele Sorten, wenn man sie außerhalb der Saison einkauft (Erdbeeren, Himbeeren usw. aus dem Ausland).

Obst und Gemüse müssen immer vor dem Zerkleinern gründlich gewaschen und bei wachsartiger Oberfläche abgerieben werden. Nach dem Schälen von Zitrusfrüchten sollte man sich gründlich die Hände waschen, bevor weitere Zutaten verarbeitet werden. Tiefkühlgemüse und -obst kann eine Alternative zu frischem sein, aber es sollte immer ungewürzt und unverarbeitet sein – also auch ohne Rahm oder andere Zusätze.

Für Fleisch und Fisch gilt Ähnliches: Fleisch sollte mager sein und von guter (Bio-)Qualität. Fisch aus Aquakultur ist manchmal mit Medikamenten belastet, von daher ist Wildfang meist die bessere Alternative. Vom Kauf bis zur Zubereitung von Fleisch und Fisch ist besonders auf Kühlung und Hygiene zu achten.

Zutaten

für 1 Portion

- 20–30 g Fleisch
- 90–100 g Gemüse
- 40–60 g Kartoffeln
- 30–40 ml Obstsaft
- 1 TL Butter oder Rapsöl

Tipp

Gemüse-(Fleisch-) Breie müssen nicht jeden Tag frisch gekocht werden. Es lohnt sich, die Breie auf Vorrat zu kochen und in kleinen Portionen einzufrieren. Milch-Getreide-Brei und Getreide-Obst-Brei dagegen sollten stets frisch zubereitet werden.

Gemüse-Kartoffel-Fleisch-Brei

ab 5. bis 7. Monat als Ersatz für die erste Milchmahlzeit

Geeignete Zutaten:

- Kartoffeln (frisch)
- Gemüse: gut verträgliche Sorten wie Karotten, Fenchel, Kohlrabi, Zucchini, Kürbis, Blumenkohl, Spinat, Pastinaken
- Fleisch: magere Stücke von Rind, Kalb, Schwein, Lamm oder Geflügel (anfangs nur eine Sorte, püriert), frisch oder TK-Ware (ohne Zusätze), am Ende der Umstellung auf Breinahrung kann Fleisch einmal in der Woche durch Fisch (Seelachs, Lachs, Schellfisch, Kabeljau: MSC-zertifiziert, grätenfreie Filets) ersetzt werden
- Saft: Vitamin-C-reicher Saft (mindestens 40 Milligramm Vitamin C pro 100 Milliliter) oder Obstpüree, eventuell Wasser
- Öl: Rapsöl, auch Soja-, Sonnenblumen- oder Maiskeimöl (im ersten Lebensjahr auf kalt gepresste Öle verzichten, d. h. nur raffiniertes Öl)
- möglichst viel von der Kochflüssigkeit weiterverwenden

Um sich die Arbeit zu erleichtern, kann der Brei in größeren Mengen zubereitet und in kleinen Portionen eingefroren werden. Das gilt besonders auch für die kleinen Fleischportionen, die in Eiswürfelbehältern eingefroren werden können.

Zubereitung

Das Fleisch in wenig Wasser weich kochen, anschließend klein schneiden und pürieren. Das Gemüse putzen, waschen und klein schneiden. Die Kartoffeln schälen, waschen, in Stücke schneiden und zusammen mit dem Gemüse in wenig Wasser weich dünsten. Das Fleisch dazugeben und alles noch mal aufkochen.
Die Gemüse-Fleisch-Mischung zusammen mit dem Obstsaft pürieren. Das Fett unterrühren und je nach Konsistenz gegebenenfalls noch etwas Wasser dazugeben.

Gemüse-Kartoffel-Brei

ab 5. bis 7. Monat als Ersatz für die erste Milchmahlzeit

Zubereitung

Das Gemüse putzen, waschen und klein schneiden. Die Kartoffeln schälen, waschen, in Stücke schneiden und zusammen mit dem Gemüse in wenig Wasser weich dünsten. Die Haferflocken unter die Gemüsemischung rühren und alles aufkochen. Die Gemüsemischung zusammen mit dem Obstsaft pürieren. Das Fett unterrühren und je nach Konsistenz gegebenenfalls noch etwas Wasser dazugeben.

Zutaten

für 1 Portion

- 100 g Gemüse
- 50–60 g Kartoffeln
- 2 EL Haferflocken
- 30–40 ml Obstsaft
- 1 TL Butter oder Rapsöl

Milch-Getreide-Brei

ab 6. bis 8. Monat als Ersatz für die zweite Milchmahlzeit

Geeignete Zutaten:

- Milch: normale Trinkmilch oder Säuglingsmilch (Pre, 1 oder 2), keine Roh- oder Vorzugsmilch
- Getreide: reine Flocken oder Grieß (möglichst Vollkornprodukte ohne Zusätze außer Jod als Kaliumjodid oder -jodat), Hafer-, Reis- oder Dinkelflocken bzw. Hirseflocken (speziell für Säuglingsernährung)
- Fruchtsaft: ungesüßte Säfte

Zutaten

für 1 Portion

- **200 ml Vollmilch- oder Säuglingsmilch**
- **20 g Vollkorngetreideflocken**
- **20 ml Obstsaft oder Fruchtpüree**

Zubereitung

Die Milch in einen Topf geben und zusammen mit den Vollkorngetreideflocken aufkochen.
Den Obstsaft oder das Fruchtpüree einrühren.

Tipp

Fruchtpüree lässt sich leicht selbst herstellen. Dazu einfach das Stück Obst waschen, gegebenenfalls schälen, entkernen und pürieren.

Getreide-Obst-Brei

ab 9. bis 10. Monat als Ersatz für die dritte Milchmahlzeit

Geeignete Zutaten:

- Wasser
- Getreide: reine Flocken oder Grieß (möglichst Vollkornprodukte ohne Zusätze außer Jod als Kaliumjodid oder -jodat), Hafer-, Reis- oder Dinkelflocken bzw. Hirseflocken (speziell für Säuglingsernährung)
- Obst: frisches Obst der Jahreszeit, z. B. geschälte Äpfel, Birnen, Pfirsiche, Nektarinen, Aprikosen, Bananen (gemischt mit anderem Obst), zerdrückt oder gerieben, auch fertiger Obstbrei oder TK-Obst einer einzelnen Sorte und ohne Zuckerzusätze
- Fett: etwas Butter oder Öl

Zubereitung

Das Wasser in einen Topf geben und zusammen mit den Vollkorngetreideflocken aufkochen.
Das Obst waschen, gegebenenfalls schälen und entkernen und pürieren. Anschließend unter den Getreidebrei rühren. Das Fett unterrühren und je nach Konsistenz gegebenenfalls noch etwas Wasser dazugeben.

Zutaten

für 1 Portion

- 90 ml Wasser
- 20 g Vollkorngetreideflocken
- 100 g Obst
- 1 TL Butter oder Rapsöl

Getränke

Spätestens ab dem dritten Beikostbrei sollten die Kinder auch andere Flüssigkeiten als Milch zu sich nehmen. Bis zur Einführung der Familienkost sollen sie an ein Getränk zum Essen und gelegentliches Trinken zwischendurch aus einem Becher oder einer Tasse gewöhnt sein. Manchmal hilft es für den Übergang, den Kindern allmählich aus dem Fläschchen auch Wasser anzubieten.

Geeignete Getränke sind Trinkwasser, kohlensäurearmes/-freies sowie natriumarmes Mineralwasser oder ungesüßte Tees. Trinkwasser (Leitungswasser) muss nur in den ersten sechs Monaten abgekocht werden, aber auch danach sollte kein Standwasser verwendet werden. Für einen Tee können spezielle Teebeutel für Säuglinge in den ersten vier bis sechs Monaten oder übliche ungesüßte Kräuter- oder Früchtetees verwendet werden, aber kein löslicher Tee (Instanttee). Tees mit medizinischer Wirkung wie zum Beispiel Fencheltee sollten nicht jeden Tag verwendet werden, und der Tee kann ruhig eher dünn sein: Ein Teebeutel pro Liter Wasser reicht aus. Am besten üben die Kinder, aus dem Becher oder der Tasse zu trinken. Dauernuckeln an der Flasche schadet u. a. den Zähnen und sollte vermieden werden.

Essen wie die Großen

Nach dem zehnten Monat kann schrittweise auf die Familienkost umgestellt werden. Das bedeutet vor allem, dass nach und nach weniger Mahlzeiten, dafür größere Portionen angeboten werden. Das Kind kann jetzt lernen, mit den Händen selbst zu essen und selbst aus einem Becher zu trinken. Neue Lebensmittel werden allmählich eingeführt. Da Kinder noch viel feiner schmecken, sollte das Essen wenig gewürzt und kaum gesalzen sein (nicht nach Erwachsenengeschmack!). Grundsätzlich sollten Sie daher auch deftige, fettreiche oder schwer verdauliche Speisen meiden.

Gegen Ende des ersten Lebensjahres werden fast alle Lebensmittel vertragen, nur stark blähende Speisen können Probleme bereiten (zum Beispiel Kohl oder Hülsenfrüchte). Es besteht immer noch die Gefahr, dass kleine, harte Lebensmittel wie Nüsse, Sonnenblumenkerne oder Johannisbeeren verschluckt bzw. inhaliert werden – anfangs gilt das auch für körnigen Reis. Daran können Kinder ersticken, deswegen sollten diese Lebensmittel noch vermieden werden.

Übergang von der Beikost zur Familienkost

Anpassung von Milch-Getreide-Brei und Milchmahlzeit:
Übergang zu normaler Frühstücksmahlzeit, anfangs mundgerechte Stücke eines fein gemahlenen (Vollkorn-)Brotes ganz ohne oder mit weicher Kruste, dünn mit Butter/Margarine bestrichen, dazu etwas zerdrücktes Obst (zunächst weiche Stücke wie reife Birne, Banane) und Milch.

Anpassung von Gemüse-Kartoffel-Fleisch-Brei:
Nicht mehr pürieren, sondern nur mit der Gabel zerdrücken, bis schließlich daraus ein normales Mittagessen für Kinder wird. Später nur noch ein- bis zweimal pro Woche Fleisch sowie ein- bis zweimal pro Woche Seefisch.

Anpassung von Getreide-Obst-Brei:
Nach und nach zur Zwischenmahlzeit aus Brot und Obst übergehen, Obstsaft oder später auch Rohkost (eventuell reiben oder zerdrücken), Getreideflocken mit Obst und Milch als Müsli.

Allergien bei Kindern

Die Häufigkeit von Allergien bei Kindern hat in den letzten Jahren deutlich zugenommen. Um dem vorzubeugen, sollte die allgemeine Belastung des kindlichen Immunsystems gering gehalten werden: wenig Zusatzstoffe in den Lebensmitteln, wenig Kontakt zu Umweltgiften usw.

Auslöser einer allergischen Reaktion kann grundsätzlich jedes Lebensmittel sein, erfahrungsgemäß sind es besonders oft Milch, Weizen, Hühnerei, Fisch, Schalentiere, Soja, Nüsse.

Allergische Reaktionen sind oft direkt zu erkennen (u. a. Hautrötungen, Erbrechen/Übelkeit, Durchfall), manchmal auch erst nach 24 bis 48 Stunden (besonders bei Hautreaktionen). Im schlimmsten Fall kann es zu einem anaphylaktischen Schock kommen (kann lebensgefährlich sein).

Nach neueren Erkenntnissen wird die strenge Vermeidung von möglichen Allergenen im ersten Lebensjahr nicht mehr empfohlen. Die Beikost kann bei allergiegefährdeten Kindern wie bei Kindern ohne Allergierisiko ab dem fünften Lebensmonat eingeführt werden, wenn sie in dieser Zeit auch noch Muttermilch bekommen, weil die das Immunsystem unterstützt (Start mit Möhrenbrei, dann Kartoffeln, magerem Fleisch sowie etwas raffiniertem Rapsöl). Kleine Mengen an Getreide und Milch sollen ebenfalls ab dem fünften Monat gegeben werden. Neue Lebensmittel sollten anfangs im wöchentlichen Abstand eingeführt werden, später alle drei bis vier Tage.

Folgende Lebensmittel sind erfahrungsgemäß selten allergen:

Gemüse (je nach Saison)

5. bis 7. Monat: Möhren, Kartoffeln
6. bis 8. Monat: Kürbis, Pastinake, Brokkoli, Blumenkohl
7. bis 10. Monat: Zucchini, Kohlrabi, Spinat, Mangold
11. bis 13. Monat: Spargel, Aubergine, grüne Bohnen, Steckrübe
1. bis 3. Jahr: Gurke, Blattsalat, Erbsen, rote Linsen oder auch andere Linsen
3. bis 5. Jahr: Kohlgemüse, Hülsenfrüchte (nach Verträglichkeit)

Obst (je nach Saison)

5. bis 7. Monat: reife Birne, Banane
6. bis 8. Monat: Äpfel
7. bis 10. Monat: Wasser, Honigmelone
11. bis 13. Monat: Aprikose, Pfirsich
3. bis 5. Jahr: Nüsse, Kerne (Achtung! Verschluckungsgefahr)

Fleisch

ab dem 5. bis 7. Monat: Rind, Kalb, Geflügel

Fisch, Ei, Eiprodukte

ab dem 5. bis 7. Monat

Öle

ab dem 5. bis 7. Monat: Rapsöl (alternativ: Sonnenblumenöl, Maiskeimöl, Butter oder Margarine)

Getreide:

ab dem 6. bis 8. Monat: Weizen, Hafer, Dinkel, Reis, Hirse, Roggen, Mais, Buchweizen, Grünkern

Tipp

Man kann nach Belieben Kräuter in den Teig einarbeiten. Kinder finden es auch ganz spannend, wenn man den Teig mal nicht zu Brötchen, sondern zu Stangen formt. Ein echter Knabberspaß!

Haferflocken-Blitzbrötchen

Zutaten

für mehrere Brötchen

- **200 g Weizenmehl, Type 1050**
- **150–180 g Joghurt**
- **50 g Haferflocken**
- **2–3 EL Öl**
- **2 TL Backpulver**
- **¼ TL Salz**

Zubereitung

Den Backofen auf 200 °C (Ober- und Unterhitze) vorheizen. Die Zutaten alle in eine Schüssel geben und zu einem glatten Teig verkneten. Aus dem Teig mehrere kleine Brötchen formen, auf ein mit Backpapier ausgelegtes Blech legen und für zehn bis zwölf Minuten backen.

Joghurtbrot mit Möhre

Zubereitung

Backofen auf 180 °C (Ober- und Unterhitze) vorheizen. Möhren waschen, eventuell schälen und fein raspeln. Mehl, Natron, Salz, Backpulver und die Hälfte der Saatenmischung miteinander vermengen. Joghurt mit dem Ei verquirlen, dann die Möhrenraspel daruntermischen. Die Joghurtmasse zum Mehl geben und alles mit dem Knethaken verarbeiten.

Den Teig mit feuchten Händen zu einem länglichen Laib formen. Wenn der Teig an den Händen klebt, die Hände immer wieder mit Wasser befeuchten. Die restlichen Saaten auf der Arbeitsfläche verteilen und den Brotlaib darin wälzen. Auf ein mit Backpapier belegtes Blech geben und für circa 45 Minuten backen.

Zutaten

für 1 Brot

- **200 g Möhren**
- **550 g Dinkelmehl**
- **½ TL Natron**
- **½ TL Salz**
- **1 Päckchen Backpulver**
- **170 g Saatenmischung, z. B. Sesam, Leinsaat**
- **350 g Joghurt**
- **1 Ei**

Das schmeckt!

Zutaten

für 4 Portionen

- 250 g getrocknete Datteln ohne Kerne
- 2 EL Sahne
- 2 EL Milch
- 2 EL zarte Haferflocken
- 65 g gemahlene Mandeln
- wenig Zimt

Tipp

Der Aufstrich hält sich zwei Tage im Kühlschrank.

Dattelcreme

Zubereitung

Die Datteln grob zerkleinern und zusammen mit der Sahne und der Milch in ein hohes Gefäß geben. Anschließend mit einem Pürierstab oder in einem Mixer fein zerkleinern.

Die Haferflocken, die Mandeln und den Zimt zu der Dattelcreme geben und mit einem Löffel alles gut vermischen.

Bis zum Verzehr kühlen.

Möhrenaufstrich

Zubereitung

Die Möhren waschen, dünn schälen und mit einer Reibe fein raspeln. Schnittlauch waschen und in feine Röllchen schneiden. Das geht auch gut mit einer sauberen Küchenschere. Die Zitrone auspressen.
Den Quark mit der sauren Sahne, einem Teelöffel Zitronensaft und dem Salz cremig rühren. Eventuell etwas Mineralwasser dazugeben, wenn der Quark nicht cremig genug ist.
Möhrenraspel und Schnittlauch mit dem Quark vermengen. Besonders gut schmeckt der Aufstrich auf Schwarzbrot oder Vollkornbrötchen.

Zutaten

für 4 Portionen

- **200 g Möhren**
- **½ Bund Schnittlauch**
- **1 unbehandelte Zitrone**
- **150 g Magerquark**
- **1 EL saure Sahne**
- **1 Prise Salz**
- **eventuell etwas Mineralwasser**

Tipp

Der Brotaufstrich hält sich einige Tage im Kühlschrank.

Das schmeckt!

Zutaten

für 4 Portionen

- 250 g festkochende Kartoffeln
- 2 EL gemahlene Mandeln
- 1 unbehandelte Zitrone
- 2 EL Olivenöl
- 1 Prise Salz
- ½ Bund Schnittlauch

Kartoffel-aufstrich

Zubereitung

Die Kartoffeln waschen und in wenig Wasser zugedeckt 25 Minuten garen (oder Kartoffeln vom Vortag nehmen).
Die Kartoffeln abgießen, kalt abschrecken und möglichst heiß pellen. Mit einem Kartoffelstampfer oder einer Kartoffelpresse die Kartoffeln zerdrücken. Die gemahlenen Mandeln unter das Kartoffelpüree rühren.
Die Zitrone auspressen, einen Esslöffel Zitronensaft und das Olivenöl unter die Kartoffelmasse rühren und eine Prise Salz dazugeben. Den Schnittlauch waschen, in feine Röllchen schneiden und zu der Kartoffelpaste geben.

Karottencreme-suppe mit Curry

Zubereitung

Die Möhren, die Süßkartoffel und die Zwiebel schälen und würfeln.
Das Öl in einem großen Topf erhitzen, die Zwiebel darin glasig dünsten. Die Möhren, die Süßkartoffel und das Currypulver dazugeben. Das Ganze mit der Brühe aufgießen, zugedeckt aufkochen lassen und bei schwacher Hitze circa 30 Minuten garen.
Den Koriander waschen, trocken tupfen und klein hacken.
Ist das Gemüse gar, alles pürieren. Dann den Joghurt, bis auf vier Teelöffel, zu der Suppe geben und nochmals bei schwacher Hitze kurz aufkochen lassen.
Die Suppe mit dem restlichen Joghurt und dem Koriander garnieren und servieren.

Zutaten

für 4 Portionen

- 350 g Möhren
- 150 g Süßkartoffel
- 1 Zwiebel
- 2 EL Öl
- ½ TL Currypulver
- 800 ml Gemüsebrühe
- 1–2 Stängel Koriander
- 300 g Naturjoghurt

Tipp

Zu den Bratlingen schmeckt Kräuterjoghurt (Seite 151) besonders gut.

Zutaten

für 4 Portionen

- **500 g rote Linsen**
- **1,5 l Gemüsebrühe**
- **2 Möhren**
- **1 Zwiebel**
- **Öl**
- **2 Eier**
- **8 EL Haferflocken**
- **Maismehl nach Bedarf zum Binden der Teigmasse**
- **1 Prise Pfeffer und Salz**

Linsenbratlinge

Zubereitung

Die Linsen nach Packungsanweisung in der Gemüsebrühe weich garen und über einem Sieb abtropfen lassen.
Die Möhren bürsten oder schälen, dann fein raspeln. Die Zwiebel pellen und fein hacken. Beides in etwas Öl bissfest dünsten.
In einer Schüssel die Möhrenraspel mit den Eiern, den Linsen und der Zwiebel, den Haferflocken (sowie gegebenenfalls Maismehl), ein wenig Salz und Pfeffer zu einer festen Masse mischen und kleine, flache Puffer formen.
Öl in einer beschichteten Pfanne erhitzen und die Puffer von beiden Seiten goldbraun braten.

Nudeln mit Kürbissoße

Zubereitung

Die Nudeln in kochendem Salzwasser bissfest garen und abgießen.
Den Kürbis waschen und in kleine Würfel schneiden. Die Zwiebel pellen und fein hacken. Die Petersilie waschen, abtropfen lassen und ebenfalls fein hacken.
Den Kürbis mit der Zwiebel in einer Pfanne in Öl dünsten, mit der Gemüsebrühe aufgießen und wenig würzen. Bei kleiner Hitze circa 20 Minuten garen lassen. Anschließend die Soße mit einem Pürierstab pürieren, die saure Sahne unterziehen, Salz und Pfeffer dazugeben und mit der Petersilie vermischen.
Die Nudeln auf einem Teller anrichten, mit der Soße und dem Käse servieren.

Zutaten

für 4 Portionen

- 400 g Vollkornnudeln, z. B. Fusilli
- 800 g Kürbis, z. B. Hokkaido
- 1 Zwiebel
- ½ Bund Petersilie
- 1–2 EL Rapsöl
- 200 ml Gemüsebrühe
- 150 g saure Sahne
- 1 Prise Salz und Pfeffer
- 200 g geriebener Käse, z. B. Pecorino

Das schmeckt!

Spinat-Lachs-Nudeln

Zutaten

für 4 Portionen

- 400 g Vollkornnudeln, z. B. Penne
- 1 Zitrone
- 400 g Lachs
- 1–2 EL Rapsöl
- 2 Frühlingszwiebeln
- 150 g Sahne
- 200 ml Milch
- 400 g frischer oder tiefgekühlter Blattspinat
- 1 Prise Salz und Pfeffer
- 200 g geriebener Käse

Zubereitung

Die Nudeln in kochendem Salzwasser bissfest garen und abgießen.
Die Zitrone auspressen.
Den Lachs mit Zitronensaft beträufeln, mit einer Prise Salz bestreuen. Danach in Würfel schneiden und in einer beschichteten Pfanne in etwas Öl anbraten. Den fertigen Lachs aus der Pfanne nehmen und warm stellen.
Die Frühlingszwiebeln waschen, putzen und fein hacken, anschließend in der Pfanne anbraten und mit der Sahne und der Milch ablöschen. Dazu den grob gehackten Blattspinat geben und alles aufkochen lassen. Zum Schluss den Lachs dazugeben und mit einer Prise Salz und Pfeffer würzen.
Die Nudeln auf einem Teller anrichten, mit der Soße und dem Käse servieren.

Tomaten-Zucchini-Schafskäse-Nudeln

Zubereitung

Die Nudeln in kochendem Salzwasser bissfest garen und abgießen.
Die Zucchini waschen, putzen und in einhalb bis ein Zentimeter dicke Würfel schneiden. Die Tomaten waschen, putzen und in kleine Würfel schneiden.
Die Zucchini in einer beschichteten Pfanne anbraten, die Tomaten dazugeben und mit der Sahne und der Milch ablöschen. Den Schafskäse krümeln und etwas schmelzen lassen.
Zum Schluss den frischen Thymian fein hacken und über die Soße streuen oder getrockneten Thymian zwischen den Händen über der Soße zerreiben.
Die Nudeln auf einem Teller anrichten und mit der Soße servieren.

Zutaten

für 4 Portionen

- 400 g Vollkornnudeln, z. B. Hörnchennudeln
- 2–3 Zucchini
- 2–3 Tomaten
- 150 g Sahne
- 150 ml Milch
- 200 g Schafskäse
- 3 EL frische Thymianblättchen oder 1 EL getrockneter Thymian

Das schmeckt!

Fischfilet mit Hirsekruste

Zutaten

für 4 Portionen

- 150 g Hirse
- 1 Stange Lauch
- 2–3 Möhren
- etwas Butter oder Öl
- 100 g Erbsen
- 1 Zitrone
- 2–3 Fischfilets, je nach Größe und Geschmack
- 1 Prise Salz und Pfeffer
- 4 EL geriebener Käse
- 2 EL saure Sahne
- 1 EL gehackte Petersilie
- etwas Petersilie als Garnitur

Zubereitung

Die Hirse nach Packungsanleitung garen. Den Ofen auf 200 °C vorheizen.

Den Lauch waschen, putzen, halbieren und in feine Streifen schneiden.

Die Möhren waschen, putzen und fein raspeln.

Butter oder Öl in der Pfanne erhitzen und den Lauch und die Möhren andünsten. Die Erbsen und die gegarte Hirse dazugeben und alles gut vermengen.

Von der Zitrone vier dünne Scheiben abschneiden, den Rest auspressen.

Den Fisch abspülen, zur Sicherheit noch nach Gräten absuchen, mit dem Zitronensaft beträufeln, mit einer Prise Salz und Pfeffer würzen und in die gefettete Auflaufform legen.

Den geriebenen Käse, die saure Sahne und die Petersilie locker unter die Gemüsehirse heben und die Mischung auf dem Fisch verteilen und leicht andrücken.

Anschließend 20 bis 25 Minuten im Ofen garen. Mit den Zitronenscheiben und der Petersilie garniert servieren.

Hähnchen-Kürbis-Pfanne

Zubereitung

Das Hähnchenbrustfilet waschen, abtupfen und würfeln. Den Kürbis waschen, von Kernen und Fasern befreien und in kleine Würfel schneiden. Die Paprika waschen, entkernen und in kleine Würfel schneiden.
Die Zwiebel schälen und fein hacken.
Die Petersilie waschen, trocken schütteln und klein hacken. Die gehackte Zwiebel in Öl andünsten, Hähnchenfleisch wenig würzen und rundherum anbraten. Den Kürbis und die Paprika zugeben, kurz mitbraten, dann die Brühe angießen und aufkochen lassen. Zugedeckt fünf bis zehn Minuten bei mittlerer Hitze garen. Der Kürbis sollte gar sein, aber bissfest. Abschließend die saure Sahne in die nicht mehr kochende Soße rühren und Salz und Pfeffer hinzufügen.
Mit Petersilie bestreut servieren.

Zutaten

für 4 Portionen

- 500 g Hähnchenbrustfilet
- 500 g Kürbisfleisch, z. B. Hokkaido
- 1–2 rote Paprikaschoten
- 1 Zwiebel
- Petersilie
- 1 EL Öl
- 330 ml Gemüsebrühe
- 200 saure Sahne
- 1 Prise Salz und Pfeffer

Tipp

Dazu schmecken z. B. Kartoffeln.

Erbsen-Kartoffel-Ragout

Zutaten

für 4 Portionen

- 400 g Kartoffeln
- 2 Frühlingszwiebeln
- ½ Bund Dill
- 40 ml Olivenöl
- 1 Prise Salz und Pfeffer
- 600 g Erbsen
- 400 g stückige Tomaten aus der Dose
- 1 EL Oregano
- 1–2 TL Zitronensaft

Zubereitung

Die Kartoffeln waschen, schälen und in mundgerechte Würfel schneiden. Die Frühlingszwiebeln putzen und fein hacken. Den Dill waschen, trocken schütteln und fein hacken.

In einem Topf das Olivenöl erhitzen. Die Frühlingszwiebeln darin kurz anschwitzen, Kartoffeln dazugeben und für circa fünf Minuten von allen Seiten anbraten. Mit einer Prise Salz und Pfeffer würzen. Erbsen, Dill, Tomaten, Oregano und einen Esslöffel Zitronensaft hinzufügen.

Alles in eine Auflaufform geben, mit Wasser auffüllen, sodass das Gemüse knapp mit Wasser bedeckt ist, und in den vorgeheizten Backofen geben. Das Ragout für circa 40 Minuten garen lassen. Nach der Garzeit sollte die Flüssigkeit völlig eingekocht sein. Das Ragout mit dem restlichen Zitronensaft abschmecken und sofort servieren.

Wirsingtorte

Zubereitung

Den Backofen auf 200 °C vorheizen.
Für den Teig die saure Sahne mit dem Ei, dem Rapsöl und dem Salz vermischen. Das Mehl mit dem Backpulver vermischen und alles gut verkneten. Anschließend den Teig mindestens 30 Minuten ruhen lassen.
In der Zwischenzeit den Wirsing putzen, gut waschen, abtropfen lassen, vom Strunk befreien und in etwa 1 Zentimeter breite Streifen schneiden. Die Zwiebel schälen und in feine Würfel schneiden.
In einer Pfanne zwei Esslöffel Rapsöl erhitzen, die Zwiebel anbraten, dann den Wirsing dazugeben und ebenfalls anbraten. Die Sojasoße hinzufügen und alles zugedeckt bei mittlerer Hitze etwa 15 bis 20 Minuten gar dünsten.
Währenddessen aus den restlichen Eiern, Milch, der Prise Salz, Pfeffer und Muskat den Guss herstellen. Den Teig auf einer bemehlten Arbeitsfläche ausrollen und anschließend in eine gefettete Auflaufform legen. Das Wirsinggemüse gleichmäßig darauf verteilen, mit dem Guss übergießen und mit dem Käse bestreuen.
Die Torte im Ofen 40 Minuten backen. Aber Vorsicht: Wirsing, der nicht mit Käse bedeckt ist, verbrennt leicht!

Zutaten

für 1 Auflaufform

Teig

- 200 g saure Sahne
- 1 Ei
- 4 EL Rapsöl
- ¼ TL Salz
- 250 g Weizenvollkornmehl
- ½ Päckchen Backpulver

Belag

- 1 Wirsing (circa 1 kg)
- 1 Zwiebel
- 2 EL Rapsöl
- 3 EL Sojasoße

Guss

- 2 Eier
- 100 ml Milch
- 1 Prise Salz und Pfeffer
- 1 Prise Muskat
- 120 g geriebener Gouda

Das schmeckt!

Tipp

Dazu Pellkartoffeln servieren.

Zutaten

für 4 Portionen

- 2 Stangen Lauch
- 1 mittelgroße Steckrübe
- 4 Möhren
- 1 Zwiebel
- 100 g Gouda
- 50 g Pecorino
- 1–2 EL Olivenöl
- Salz und Pfeffer
- 2 EL Vollkornmehl
- 250 ml Gemüsebrühe
- 200 g saure Sahne
- 2 EL Sesam

Steckrüben-auflauf

Zubereitung

Den Backofen auf 200 °C (Ober- und Unterhitze) vorheizen. Den Lauch waschen, putzen, halbieren und in feine Streifen schneiden. Die Steckrüben und Möhren putzen und grob raspeln. Die Zwiebel schälen und fein würfeln. Den Gouda und den Pecorino grob reiben.

Die Zwiebel in etwas Öl glasig dünsten, dann das Gemüse dazugeben und weitere fünf Minuten garen. Mit der Prise Salz und Pfeffer würzen und alles in eine gefettete Auflaufform füllen.

Das restliche Öl in eine Pfanne geben und erhitzen. Das Vollkornmehl einstreuen, anschwitzen, die Gemüsebrühe zugießen und unter Rühren aufkochen. Anschließend die saure Sahne unterrühren, die Soße mit einer Prise Salz und Pfeffer würzen und über das Gemüse in der Auflaufform geben. Den Käse darauf verteilen und den Sesam darüberstreuen.

Den Auflauf circa 15 bis 20 Minuten backen, bis der Käse leicht gebräunt ist.

Apfel-Birnen-Auflauf

Zubereitung

Den Ofen auf 160 °C (Umluft) vorheizen und eine Auflaufform einfetten.
Das Obst waschen, vierteln und in dünne Scheiben schneiden. In einer Pfanne zwei Esslöffel Butter oder Margarine zerlassen und die Obstscheiben darin weich dünsten. Am Ende zwei Esslöffel des Zuckers dazugeben und für ein bis zwei Minuten weiterköcheln. Das Mark der Vanilleschote herauskratzen und unter das Obst mischen. Die Apfel-Birnen-Mischung in die Form geben.
Restliche Butter und Zucker schaumig schlagen, die Eier nach und nach unterrühren. Mehl mit den gemahlenen Mandeln mischen und unterrühren. Den Teig auf dem Obst verteilen und glatt streichen. Die Mandelblättchen über den Auflauf geben und ihn dann anschließend im Ofen für 35 Minuten backen.

Zutaten

für 4 Portionen

- 3–4 Birnen
- 2–3 Äpfel, z. B. Elstar, Topaz oder Boskop
- 100 g Butter oder Margarine
- 50 g Zucker
- ½ Vanilleschote
- 2 Eier
- 125 g Mehl
- 40 g gemahlene Mandeln
- 40 g Mandelblättchen

Die Grundlagen erlernen

Es gibt eine Unmenge unterschiedlicher fantasievoller und spannender Rezepte – kein Mensch wird sie alle kochen können. Und es gibt eine Handvoll Basisrezepte, die immer wiederkehren und die einfach zum Handwerkszeug gehören, das jeder beherrschen sollte. Das ist zum Beispiel das Kochen der klassischen Beilagen wie Kartoffeln, Nudeln und Reis und das Zubereiten von Eiern. Wenn man diese Grundlagen beherrscht, kann man schon die ersten Gerichte selbst zubereiten. Denn die Beilagen können auch einmal als Hauptspeise serviert werden und manchmal sind die einfachsten Speisen ja besonders lecker. Wie gut schmecken Pellkartoffeln mit Quark an einem warmen Sommertag? Wie stolz sind Kinder über das erste selbst zubereitete Rührei – dazu vielleicht Kartoffelpüree? Und dann ist auch schon der Weg frei für das Kochen und Experimentieren ohne Rezepte.

Zutaten

für 4 Portionen

- 1 kg kleine fest-kochende Kartoffeln, möglichst aus bio-logischem Anbau
- 1 TL Salz

Tipp

Mit einem Schnellkochtopf sparen Sie Zeit, und die Kartoffeln werden schonend gegart. Zu Pellkartoffeln passt beispielsweise Kräuterquark.

Pellkartoffeln

Zubereitung

Die Kartoffeln mit einer Bürste und Wasser säubern. Die Kartoffeln in einen Topf geben, knapp mit Wasser bedecken, einen gestrichenen Teelöffel Salz dazugeben und zum Kochen bringen. Ungefähr 20 Minuten garen, dann das Wasser abgießen und die Kartoffeln abdämpfen. Anschließend die Kartoffeln pellen und servieren.

Bratkartoffeln

Zubereitung

Die Kartoffeln ungeschält kochen und abkühlen lassen oder Kartoffeln vom Vortag nehmen. Die kalten Kartoffeln pellen und in Scheiben schneiden. Die Zwiebel schälen und in feine Würfel schneiden.

Das Fett in einer beschichteten Pfanne erhitzen, die Schinkenwürfel darin anbraten, die klein geschnittene Zwiebel dazugeben und andünsten. Die Kartoffelscheiben ebenfalls in die Pfanne geben und von allen Seiten goldgelb braten.

Zutaten

für 4 Portionen

- 1 kg Pellkartoffeln, am besten vom Vortag
- 1 Zwiebel
- 100 g Schinkenwürfel
- 1 Prise Salz
- 1–2 EL Fett für die Pfanne

Tipp

Sie können die Bratkartoffeln mit einem grünen Salat und Spiegeleiern servieren.

Kartoffelpüree

Zutaten

für 4 Portionen

- 1 kg Kartoffeln
- 100 ml Milch
- 20 g Butter
- 1 Prise Salz
- Muskat
- Pfeffer

Zubereitung

Die Kartoffeln waschen, schälen und je nach Größe halbieren oder vierteln. Die Kartoffeln in Salzwasser aufkochen und köcheln lassen, bis sie weich sind.

Die Kartoffeln in einem Sieb abtropfen lassen, in eine Schale geben und Milch und Butter dazugeben. Mit einem Stampfer zu Brei verarbeiten und mit den Gewürzen abschmecken.

Nudeln

Zutaten

für 2 bis 4 Portionen (je nach Rezept, ob als Beilage oder Hauptspeise)

- **250 g Nudeln**
- **1 l Wasser**
- **1 TL Salz**

Zubereitung

Wasser und Salz in einen Topf geben und aufkochen. Wenn das Wasser kocht, die Nudeln in das kochende Wasser geben, die Temperatur reduzieren und die Nudeln gut umrühren. Bei geschlossenem Topf – je nach Angabe auf der Verpackung – 6 bis 18 Minuten garen.
Die Nudeln in ein Sieb abgießen und abtropfen lassen.

Reis

Zutaten

für 4 Portionen

- 250 g Reis
- 500 ml Salzwasser oder Brühe

Tipp

Wenn Sie keine Möglichkeit haben, den Reis oder die Flüssigkeit abzuwiegen, können Sie sich ganz einfach helfen: Nehmen Sie einen Kaffeebecher und füllen Sie diesen mit Reis und anschließend zweimal mit Wasser.

Zubereitung

Das leicht gesalzene Wasser bzw. die Brühe mit dem Reis in einen Topf geben. Die Herdplatte auf mittlere Hitze einstellen. Nach etwa vier Minuten sollte die Flüssigkeit leicht zu kochen begonnen haben.
Die Temperatur auf die niedrigste Stufe zurückschalten, den Reis einmal umrühren und dann für 15 Minuten köcheln lassen.
Nach 15 Minuten den Herd ausstellen und den Topf von der Platte nehmen. Der Reis muss nun noch für circa fünf Minuten weiterquellen, dann sollte die gesamte Flüssigkeit vom Reis aufgenommen worden sein. Jetzt noch einmal gut umrühren, in eine Schale umfüllen und servieren.

Gekochte Eier

Zubereitung

Die stumpfe Seite der Eier mit einem Pikser oder einer Nadel anstechen. Die Eier in einen kleinen, zu drei Vierteln mit Wasser gefüllten Topf geben. Bei mittlerer Hitze das Wasser zum Kochen bringen. Wenn das Wasser kocht, die Temperatur reduzieren und die Eier je nach Wunsch weitergaren.

Garzeiten

weiche Eier:
3 bis 5 Minuten
mittelharte Eier:
5 bis 7 Minuten
harte Eier:
8 bis 10 Minuten

Die Garzeit hängt von der Größe der Eier ab. Die Werte stehen für Eier der Größe M (kürzere Garzeit) und der Größe L (längere Garzeit).

Zutaten

- Eier

Zutaten

für 4 Portionen

- 4 Eier, möglichst aus Freilandhaltung
- circa 1 TL Butter
- 1 Prise Salz
- Paprikapulver

Spiegeleier

Zubereitung

Die Butter bei mittlerer Temperatur in einer beschichteten Pfanne erhitzen. Die Eier aufschlagen und in die Pfanne geben. Wenn die Eier zu stocken beginnen, mit Salz und Paprikapulver würzen.

Rühreier

Zutaten

für 4 Portionen

- 4 bis 8 Eier
- 4 bis 6 EL Milch
- circa 1 TL Butter
- 1 Prise Salz
- Pfeffer

Zubereitung

In einer Schüssel Eier, Milch und Gewürze kräftig verquirlen. Butter in einer beschichteten Pfanne erhitzen. Die Eiermasse dazugeben. Mit einem Kochlöffel die Eiermasse ständig rühren und dabei großflockig stocken lassen.

Tipp

Die Rühreier können Sie mit Schnittlauchröllchen und angebratenen Schinkenwürfeln verfeinern.

Das schmeckt!

Omelett

Zutaten

für 1 Portion

- 2 Eier
- circa 1 TL Butter
- 2 EL geriebener Käse, z. B. Emmentaler
- 1 Prise Salz
- Pfeffer

Tipp

Sie können auch Kräuter unter die Eiermasse mischen, z. B. Petersilie oder Schnittlauch. Oder Sie braten Schinkenwürfel in der Butter an und geben dann die Eiermasse dazu.

Zubereitung

In einer Schale Eier und Gewürze mit einer Gabel verquirlen. Butter in einer beschichteten Pfanne bei mittlerer Temperatur erhitzen. Sobald die Butter Blasen schlägt, die Eiermasse in die Pfanne geben.

Wenn das Ei zu stocken beginnt, den geriebenen Käse über das Omelett streuen.

Mit einem Pfannenwender das Omelett vorsichtig vom Rand lösen und in der Mitte falten. Wenn die Unterseite goldbraun gefärbt ist, das Omelett auf einen Teller geben und sofort servieren.

Das schmeckt!

Der Energieschub am Morgen

Durch die lange Nachtpause sind die Energiespeicher der Kinder am Morgen zum größten Teil erschöpft. Daher ist es wichtig, dass sie morgens etwas frühstücken, bevor sie in die Kita oder in die Schule gehen. Viele Kinder frühstücken gern, andere haben aber so kurz nach dem Aufstehen noch keinen richtigen Appetit. Sie trinken kaum etwas und essen nur eine Kleinigkeit wie einen Joghurt oder ein bisschen Brot. Auch das ist normal, und man kann daran meist nicht viel ändern, außer vielleicht, etwas früher aufzustehen. Das erste Frühstück reicht dann aber meist nicht aus, über den ganzen Vormittag genügend Energie für geistige und körperliche Aktivität bereitzustellen. Dann kommt es darauf an, dass die Brotdose gut gefüllt ist und das Kind das Frühstück im Laufe des Vormittags nachholen kann.

Süßigkeiten und typische Kinderlebensmittel (Milchschnitte, Fruchtzwerge, Monte o. Ä.) gehören nicht in die Brotdose. Sie sorgen für schnelle Energiespitzen, die aber nur kurz anhalten und dazu führen, dass sich das Kind danach noch erschöpfter fühlt. Gut geeignet sind dagegen Brot oder Brötchen mit Vollkornmehlanteil, die nach den Wünschen der Kinder belegt werden. Als Belag bieten sich fettarme Wurst- und Käsesorten an, aufgepeppt mit Salatblättern, Gurken- oder Tomatenscheiben, Paprikawürfeln oder Schnittlauchröllchen. Neben Butter oder ungehärteter Margarine als Streichfett können auch einmal Tomatenketchup, milder Senf, Tomatenmark oder Frischkäse eine willkommene Abwechslung sein.

Obst nach Jahreszeit sollte stets dabei sein. Am wichtigsten ist etwas zu trinken. Durst kann zu Kopfschmerzen und Konzentrationsschwächen führen. Geeignete Durstlöscher sind Wasser, ungesüßte Kräuter- oder Fruchttees und stark verdünnte Saftschorlen.

Pausenbrote können auch schon am Abend zuvor geschmiert werden, wenn es morgens immer etwas eilig ist. Die Brote in eine Frischhaltebox legen und im Gemüsefach des Kühlschranks aufbewahren; so verhindert man, dass sie allzu sehr austrocknen. Da Salatblätter und anderes Gemüse über Nacht schlapp werden und am nächsten Tag meist nicht mehr gut schmecken, sollte man die Brote erst am nächsten Morgen damit belegen.

Zutaten

für circa 15 Portionen à 30g

- 50g Weizen
- 50g Roggen
- 50g Gerste
- 50g Hafer
- 50g Sesam
- 25g Buchweizen
- 25g Hirse
- 100g Leinsamen

Müsli-Grundmischung

Zubereitung

Das Getreide und den Buchweizen in einer Getreidemühle grob schroten. Hirse, Sesam und Leinsamen zum Schrot dazugeben und gut vermengen. Die Müslimischung in einem luftdichten Behälter gut verschlossen aufbewahren.

Tipp

Die Getreidemischung sollte vor dem Verzehr mindestens 30 Minuten in 100 Millilitern Flüssigkeit quellen. Daher ist die Mischung auch gut geeignet zum Mitgeben in die Schule oder in den Kindergarten. Geben Sie das Müsli dazu in ein gut verschließbares Gefäß, das Sie eventuell mit einer Tüte umhüllen. Zum Einweichen eignen sich Joghurt, Milch, Saft, Quark oder Buttermilch. Der Getreidemischung können Sie frisch geraspeltes Obst oder Gemüse zufügen, zum Beispiel eine kleine Möhre, einen Apfel oder eine Birne. Auch Trockenobst und Nüsse passen gut.

Besitzen Sie keine Getreidemühle, können Sie sich das Getreide in einem Bioladen oder Reformhaus schroten lassen. Natürlich können Sie auch einige Getreidesorten weglassen und durch die übrigen ersetzen. Hafer können Sie auch durch Haferflocken ersetzen.

Zutaten

für 1 Portion

- 50 g Weizenschrot oder Haferflocken
- 4 EL geriebene Nüsse oder Mandeln
- 1 große Möhre
- 1 EL Zucker
- 150 ml Milch
- 1 unbehandelte Zitrone

Skandinavisches Müsli

Zubereitung

Weizenschrot bzw. Haferflocken über Nacht in wenig Wasser quellen lassen. Am nächsten Morgen die Möhre waschen und fein reiben. Die Zitrone waschen und auspressen. Die Möhrenraspeln, die geriebenen Nüsse und vier Esslöffel frisch gepressten Zitronensaft mit dem eingeweichten Getreide vermischen. Milch und Zucker dazugeben, vermengen und servieren.

Müsli Bircher-Art

Zubereitung

Die Haferflocken in eine Schale geben und in der Milch oder dem Milchprodukt quellen lassen. Den Apfel waschen, das Kerngehäuse entfernen und grob reiben. Apfel, Nüsse, Rosinen und Honig oder Zucker kurz vor dem Servieren untermischen.

Varianten

Das Müsli schmeckt auch gut mit anderen Obstsorten und etwas Zitronensaft. Das Trockenobst können Sie auch weglassen.

Zutaten

für 1 Portion

- 3 EL kernige Haferflocken
- 150 ml Milch, Joghurt, Kefir oder Dickmilch
- 1 EL Honig oder brauner Zucker
- 1 Apfel
- 1 EL Rosinen oder andere Trockenfrüchte
- 1 EL gehackte Nüsse oder Mandeln

Zutaten

für circa 20 Brötchen

- 500 g Weizenvollkornmehl
- 30 g Hefe
- 1 TL Zucker
- 1 TL Salz
- 350 ml lauwarmes Wasser
- nach Belieben: Sesam, Mohn, Sonnenblumenkerne, Kürbiskerne, Haferflocken, …

Tipp

Sie können die Samen natürlich auch in den Brötchenteig einarbeiten. Besonders beliebt sind Kürbis- oder Sonnenblumenkerne. Die Brötchen lassen sich gut einfrieren. Man muss sie dann nach dem Auftauen kurz aufbacken.

Weizenvollkornbrötchen

Zubereitung

Die Hefe im lauwarmen Wasser auflösen und den Zucker dazugeben. In einer Schüssel das Salz mit dem Mehl vermischen. Das Mehl mit der Hefe-Wasser-Mischung vermengen und zu einem Teig verkneten. Die Schüssel mit einem Tuch abdecken und an einem warmen Ort für 20 Minuten gehen lassen. Den Backofen auf 200 °C bei (Ober- und Unterhitze) vorheizen. Eine Schale mit kaltem Wasser in den Ofen schieben. Der entstehende Wasserdampf sorgt dafür, dass die Brötchen während des Backens nicht zu trocken werden.

Nach der Ruhezeit den Teig noch einmal kräftig durchkneten, in circa 20 gleich große Stücke teilen und daraus Brötchen formen. Diese mit Wasser bestreichen und die Oberfläche in die gewünschten Samen tauchen.

Die Brötchen auf das vorbereitete Backblech setzen, noch einmal circa 20 Minuten gehen lassen und anschließend 15 bis 30 Minuten backen.

Porridge (Haferbrei)

Zutaten

für 4 Portionen

- **175 g Haferflocken**
- **650 ml Milch oder Wasser**
- **1 Prise Salz**
- **1–2 EL Zucker und 1 Prise Zimt**

Zubereitung

Die Haferflocken mit Salz und Milch in einen Topf geben. Bei mittlerer Temperatur zum Köcheln bringen und für circa fünf Minuten weiterkochen. Die Mischung während der gesamten Zeit regelmäßig umrühren, damit ein cremiger Brei entsteht.
Den Porridge mit Zucker und Zimt vermischen und gleich servieren.

Tipp

In England ist Porridge ein typisches Frühstücksgericht, das dort in vielen verschiedenen Varianten serviert wird. Lecker schmeckt es mit klein geschnittener Banane oder Beerenobst. Sie können auch einmal gehackte Mandeln oder Apfelmus als Ergänzung ausprobieren.

Vollkornbrot mit Haferflocken

Zubereitung

Eine Kastenform mit dem Öl gut einfetten. In einer großen Schale die Hefe in dem lauwarmen Wasser auflösen. Die restlichen Zutaten hinzufügen. Die Masse mit den Händen oder den Knethaken einer Küchenmaschine zu einem glatten Teig kneten.
Den Teig in die Kastenform geben und in den kalten Backofen stellen. Bei 200 °C (Ober- und Unterhitze) für circa 60 Minuten backen.

Tipp

Sie können das Mehl gegen andere Mehlsorten austauschen und das Brot vor dem Backen noch mit weiteren Samen oder Kernen belegen.

Zutaten

für ein Brot

- 500 g Weizenvollkornmehl
- 1 Würfel frische Hefe
- 500 ml lauwarmes Wasser
- 50 g Haferflocken
- 30 g Sonnenblumenkerne
- 30 g Sesam
- 30 g Leinsamen
- 2 TL Salz
- 2 EL Obstessig
- Öl für die Form

Vollkorn-Blitzbrot

Zutaten

für ein Brot

- 280 g Weizenvollkornmehl
- 280 g Weizenmehl, Type 550
- 2 TL Backpulver
- 1 TL Natron
- circa ½ l Buttermilch
- Salz
- Kräuter nach Belieben

Zubereitung

Den Backofen auf 190 °C vorheizen. Eine Schüssel mit kaltem Wasser in den Ofen schieben. Der entstehende Wasserdampf sorgt dafür, dass während des Backens das Brot nicht zu trocken wird.

Beide Mehlsorten, Backpulver, Natron, Salz und gegebenenfalls Kräuter in eine Schüssel geben. Dann die Buttermilch dazugeben und sie mit den Händen oder Knethaken einarbeiten, bis ein geschmeidiger, glatter Teig entstanden ist.

Aus dem Teig eine circa 25 Zentimeter große, flache Scheibe formen und diese auf ein mit Backpapier ausgelegtes Backblech legen. Den Teig mit einem Messer kreuzweise einritzen, mit wenig Wasser bepinseln und etwas Mehl bestäuben. Im Backofen circa 20 bis 30 Minuten backen.

Tipp

Sie können das Rezept z. B. auch mit Sonnenblumenkernen, Kürbiskernen, Kümmelsamen oder getrockneten Tomaten variieren.

Tipp

Sie können das Fleisch gut gegen vier Scheiben Vollkornbrot austauschen. Schneiden Sie das Brot in kleine Quadrate oder stechen Sie es mit kleinen Formen aus. Eventuell mit Frischkäse bestreichen und abwechselnd mit dem Gemüse auf die Spieße stecken. Käse oder Weintrauben können Sie ebenfalls verarbeiten.

Räuberspieße

Zutaten

für 4 Portionen

- 200 g Putenbrustfilet
- 1–2 gelbe oder rote Paprikaschoten
- 3 Möhren
- 1 Gurke
- Cocktailtomaten
- Schaschlikspieße
- Salz, Pfeffer
- Öl für die Pfanne

Zubereitung

Das Putenbrustfilet waschen, trocken tupfen und in mundgerechte Stücke schneiden. In einer beschichteten Pfanne mit etwas Öl braten, salzen und pfeffern.

Die Paprika waschen, trocknen, putzen und in Würfel schneiden. Die Möhren schälen und quer in dünne Scheiben schneiden. Die Gurke waschen, trocknen, eventuell schälen und ebenfalls in Scheiben schneiden. Die Tomaten waschen und trocknen.

Das abgekühlte Fleisch abwechselnd mit dem Gemüse auf die Spieße stecken. Pur genießen oder mit einem Quark-Kräuterdip servieren.

Das schmeckt!

Brottürmchen

Zutaten

für 4 Portionen

- 8 kleine Scheiben Graubrot ohne Rinde
- 4 kleine Scheiben Vollkornbrot aus feinem Mehl ohne Rinde oder Pumpernickel
- 2 Möhren
- 1–2 EL frische oder tiefgekühlte Kräuter nach Wunsch
- 200 g Frischkäse oder milder Ziegenfrischkäse
- etwas Zitronensaft
- Salz, Pfeffer

Tipp

Sie können den Frischkäse auch halbieren und eine Hälfte ohne die Möhren, dafür aber mit Tomatenmark vermischen. So sehen die Türme mit etwas Fantasie wie kleine Leuchttürme aus.

Zubereitung

Die Kräuter waschen und fein hacken. Die Möhre schälen und fein raspeln.
Den Frischkäse in eine Schüssel geben und mit Salz, Pfeffer und etwas Zitronensaft cremig rühren. Die Möhrenraspel dazugeben.
Die Graubrotscheiben mit dem Frischkäse bestreichen und die Scheiben aufeinandersetzen. Das Vollkornbrot als Deckel auf das Graubrot legen und anschließend das gesamte Brot in Würfel schneiden.

Zucchini-Aufstrich

Tipp

Um festzustellen, ob ein Brotaufstrich kräftig genug gewürzt ist, probieren Sie ihn am besten mit etwas Brot. Der Brotaufstrich hält sich einige Tage im Kühlschrank.

Zutaten

für 4 Portionen

- 300 g Zucchini
- 1 Zwiebel
- 1–2 Knoblauchzehen
- 2 Eier
- 1 TL Pflanzenöl
- 2 EL saure Sahne
- Pfeffer, Salz
- ½ Bund glatte Petersilie

Zubereitung

Die Eier zehn Minuten hart kochen, abschrecken und pellen. Die Zucchini waschen, putzen, fein raspeln, leicht salzen und fünf Minuten ruhen lassen. Danach die Raspel in einem sauberen Baumwolltuch ausdrücken, damit der Aufstrich nicht zu flüssig wird.
Die Zwiebel und den Knoblauch schälen und klein hacken. Das Öl erhitzen, Zwiebel und Knoblauch darin glasig dünsten. Die Zucchini hinzufügen und bei mittlerer Hitze unter häufigem Rühren garen, bis die entstandene Flüssigkeit verdampft ist. Das kann bis zu 15 Minuten dauern.
Die Zucchinimasse auskühlen lassen. Die Eier fein hacken und mit der sauren Sahne unter die Zucchinimasse rühren. Den Aufstrich kräftig abschmecken. Mit gehackter Petersilie garnieren oder die Petersilie schon vorher in den Brotaufstrich einarbeiten.

Hafer-Schoko-Creme

Zubereitung

Die Haferflocken mit Mehl, Kakaopulver und Zimt vermischen. Das Wasser erwärmen und den Vanillezucker sowie den Honig darin auflösen, danach auf die Haferflockenmasse gießen. Die Margarine dazugeben und alles gut miteinander verrühren.

Zutaten

für 4 Portionen

- **50 g Haferflocken**
- **10 g Mehl**
- **15 g Kakaopulver, entölt**
- **1 Prise Zimt**
- **40 ml Wasser**
- **20 g Vanillezucker**
- **3 EL Honig**
- **60 g Margarine oder weiche Butter**

Tipp

Über Nacht wird die Creme im Kühlschrank fest.

Basilikum-Tomaten-Creme

Zutaten

für 4 Portionen

- 150 g getrocknete Tomaten
- 200 g Frischkäse
- 100 g Joghurt
- 50 g Schafskäse
- ½ Bund Basilikum
- Salz, Pfeffer

Tipp

Der Aufstrich schmeckt zu Brötchen, Brot oder auch als Dip zu Rohkost. Alternativ können Sie statt des frischen auch tiefgekühltes Basilikum verwenden.

Zubereitung

Die getrockneten Tomaten kurz mit kochendem Wasser übergießen, damit sie weich werden. Alternativ dazu können auch in Öl eingelegte getrocknete Tomaten aus dem Glas verwendet werden, dann muss man nur das Öl abgießen. Die Tomaten fein hacken.

Das Basilikum waschen, trocken schütteln und ebenfalls zerkleinern. Den Schafskäse in kleine Würfel schneiden und mit dem Frischkäse und dem Joghurt verrühren. Die Tomaten und das Basilikum dazugeben und mit den Gewürzen abschmecken.

Das schmeckt!

Zutaten

für 10 Portionen

- 100 g getrocknete, ungeschwefelte Aprikosen
- 100 ml Apfelsaft
- 100 g tiefgekühlte Himbeeren
- etwas abgeriebene unbehandelte Zitronenschale

Tipp

Statt Aprikosen können Sie auch andere getrocknete Obstsorten verwenden. Die Himbeeren können Sie nach Geschmack durch andere Früchte ersetzen, z. B. durch Feigen. Eine gute Kombination sind auch Sauerkirsche und Pflaume, Apfel und Aprikose oder auch Birne, verfeinert mit Vanille, Zimt, Ingwer oder ähnlichen Gewürzen.

Fruchtaufstrich

Zubereitung

Aprikosen klein schneiden, in Apfelsaft einweichen – am besten über Nacht.
Die eingeweichten Früchte mit Flüssigkeit pürieren. Aufgetaute Himbeeren zugeben, noch einmal pürieren und eventuell mit Zitronenschale abschmecken.
Der Fruchtaufstrich hält sich im Kühlschrank mindestens sechs Tage.

Müsliscones

Zubereitung

Mehl, Backpulver, Salz und Zucker in einer Schüssel vermischen. Die Butter in kleinen Stückchen dazugeben. Mit den Knethaken des Handrührgeräts die Zutaten zu einem krümeligen Teig verarbeiten.
Die Buttermilch und das Müsli dazugeben und alles zu einem glatten Teig verkneten. Sollte die Masse zu sehr kleben, etwas Mehl einarbeiten. Den Teig auf der bemehlten Arbeitsfläche zwei Zentimeter dick ausrollen. 24 Plätzchen (etwa sechs Zentimeter im Durchmesser) dicht an dicht ausstechen und auf ein mit Backpapier ausgelegtes Backblech legen.
Es können aber auch Brötchen mit den Händen geformt werden, die man auf dem Blech flach drückt.
Die Scones mit Buttermilch bestreichen und mit Müsli bestreuen. Im vorgeheizten Ofen bei 225 °C 12 bis 15 Minuten goldbraun backen.

Zutaten

für 24 Portionen

- 400 g Mehl
- 300 ml Buttermilch
- 100 g Müslimischung
- 80 g Butter
- 50 g Zucker
- 2 TL Backpulver
- 1 TL Salz
- Backpapier
- etwas Buttermilch und Müsli für den Belag

Ein schöner Einstieg

Eine Vorspeise macht ein Essen gleich etwas festlicher. Man nimmt sich mehr Zeit beim Kochen, das Essen dauert länger und wird gemütlicher, und die verschiedenen Speisen können auf die unterschiedlichen Geschmäcker abgestimmt werden.
Natürlich eignen sich Vorspeisen auch als Hauptmahlzeit, wenn die Kinder nur wenig Hunger haben – oder wenn man eine größere Portion davon kocht. So ist eine Suppe, kombiniert mit einem Vollkornbrötchen, ein Mittagessen, das den Bedarf eines Kindes deckt. Oder Sie kombinieren Vorspeisen und Snacks miteinander für eine vollwertige Hauptmahlzeit aus lauter leckeren Kleinigkeiten. Der Kreativität sind hier kaum Grenzen gesetzt.

Kürbissuppe mit Orange

Zubereitung

Den Kürbis waschen, aufschneiden und die Kerne mit einem Löffel entfernen. Das Kürbisfleisch grob würfeln. Knoblauch, Zwiebel und Möhren schälen und klein schneiden. Die Orangen auspressen.

Das Öl in einem Topf erhitzen. Das Gemüse und die Kräuter der Provence darin andünsten. Mit der Brühe aufgießen und für 20 Minuten köcheln lassen.

Die Suppe mit einem Stabmixer oder in der Küchenmaschine pürieren und mit den Gewürzen und dem Orangensaft abschmecken.

Tipp

Bei Butternut- und Hokkaidokürbis können Sie die Schale im gegarten Zustand mitessen.

Zutaten

für 4 bis 6 Portionen

- **1 EL Rapsöl**
- **800 g Kürbis, z. B. Hokkaido**
- **1 Knoblauchzehe**
- **1 Zwiebel**
- **2 Möhren**
- **1 TL Kräuter der Provence**
- **2 Orangen**
- **Muskat**
- **Pfeffer, Salz**
- **1 l Gemüsebrühe**

Zutaten

für 4 Portionen

- 700 g Tomaten
- 1 mittelgroße Möhre
- 1 kleine Stange Staudensellerie
- 1 Zwiebel
- 1 Knoblauchzehe
- 1 EL Pflanzenöl, z. B. Raps- oder Olivenöl
- ½ l Brühe
- Salz, Pfeffer
- getrockneter Oregano
- frisches Basilikum nach Geschmack
- saure Sahne nach Geschmack

Tomatensuppe

Zubereitung

Den Sellerie waschen und in feine Streifen schneiden. Die Möhre schälen und in dünne Scheiben schneiden. Die Tomaten waschen, vom Stielansatz befreien und in Würfel schneiden. Den Knoblauch schälen und fein hacken. Die Zwiebel schälen und in sehr kleine Würfel schneiden.

Das Öl in einem Topf erhitzen, die Zwiebeln, den Sellerie und den Knoblauch darin dünsten, bis die Zwiebeln glasig sind. Die Möhre für circa fünf Minuten mit anschwitzen, dann die Tomaten, den Oregano und die Gewürze dazugeben und mit der Brühe aufgießen. Alles für circa 30 Minuten leicht köcheln lassen.

Die Suppe mit einem Stabmixer pürieren und noch einmal abschmecken. Vor dem Servieren eventuell mit frischem Basilikum oder einem Klecks saurer Sahne garnieren.

Grünkernsuppe mit Curry

Zubereitung

In einer Pfanne einen EL Öl erhitzen und den Grünkernschrot so lange rösten, bis er leicht zu duften beginnt. Mit der Brühe aufgießen und circa 20 Minuten bei niedriger Temperatur quellen lassen.
In der Zwischenzeit die Möhren waschen, schälen und in kleine Würfel schneiden. Den Brokkoli waschen und grob hacken. Die Frühlingszwiebeln putzen und in feine Ringe schneiden.
Das Gemüse unter den gequollenen Grünkernschrot mengen und für weitere 15 Minuten leicht köcheln lassen. Am Ende der Garzeit mit Salz und Pfeffer abschmecken.
In einem kleinen Topf oder einer Pfanne das restliche Öl erhitzen und das Currypulver darin andünsten. Das abgekühlte Pulver mit der sauren Sahne vermengen. Die Suppe mit einem Klecks Currysahne servieren.

Zutaten

für 4 Portionen

- 750 ml Gemüsebrühe
- 150 g Grünkern, geschrotet
- 200 g Möhren
- 1 Bund Frühlingszwiebeln
- 200 g Brokkoli
- Salz, Pfeffer
- 1–2 EL Rapsöl
- 1 TL mildes Currypulver
- 100 ml saure Sahne

Möhren-Ingwer-Suppe

Zubereitung

Die Zwiebeln schälen und fein hacken. Den Lauch putzen, waschen, halbieren und in Streifen schneiden. Die Möhren schälen und in Scheiben schneiden. Den Ingwer schälen und fein würfeln.

Das Gemüse im Öl dünsten und dann mit der Gemüsebrühe auffüllen. Die Suppe bei mäßiger Hitze 30 Minuten köcheln lassen, anschließend das Gemüse mit einem Stabmixer pürieren.

Die Suppe noch einmal kurz köcheln lassen und mit Honig, Salz und Pfeffer kräftig abschmecken.

Zutaten

für 4 Portionen

- 1–2 Zwiebeln
- 1 Stange Lauch
- 1 kg Möhren
- 10–20 g frischer Ingwer
- 800 ml Gemüsebrühe
- 1–2 EL Öl
- 2 EL Honig
- Salz, Pfeffer

Brokkoli-Cremesuppe

Zutaten

für 4 Portionen

- 500 g Brokkoli
- 1 l Gemüsebrühe
- 4 EL saure Sahne
- 2–3 EL Vollkornmehl
- 1 Zwiebel
- 10–20 g frisch geriebener Ingwer
- Salz, Pfeffer
- Muskat
- 1–2 EL Öl
- 10 g Mandelblättchen

Zubereitung

Den Brokkoli putzen, in kleine Röschen teilen, waschen und abtropfen lassen. Dann die Röschen hacken. Die Stiele schälen und ebenfalls klein schneiden. Die Zwiebel schälen und fein würfeln.

Das Öl in einem Topf erhitzen und die Zwiebel glasig dünsten. Danach den Brokkoli dazugeben und mitdünsten.

Das Ganze mit dem Vollkornmehl bestreuen, die Gemüsebrühe dazugeben und mit dem geschälten und geriebenen Ingwer, Muskat, Salz und Pfeffer abschmecken. Die Suppe bei kleiner Hitze zehn Minuten köcheln lassen. Die Mandelblätter in einer Pfanne ohne Fett rösten.

Die Suppe mit dem Stabmixer pürieren und noch einmal erhitzen. Die Hälfte der sauren Sahne unterrühren, in Suppenteller füllen, mit einem Klecks saurer Sahne und den gerösteten Mandelblättchen servieren.

Blumenkohl-Rohkost

Zutaten

für 4 Portionen

- 1 Banane
- Saft von 1–1½ Zitronen
- Currypulver
- Salz, Pfeffer
- 150 g saure Sahne
- Apfel-Birnen-Dicksaft oder Honig nach Geschmack
- 400 g Blumenkohl
- 1 kleiner Kopf Radicchio
- 2 EL Mandelsplitter
- Dill zum Garnieren

Tipp

Statt Blumenkohl können Sie auch Brokkoli nehmen.

Zubereitung

Die Banane schälen, mit der Gabel zerdrücken und mit Zitronensaft, Curry, Pfeffer, Salz, saurer Sahne und Apfel-Birnen-Dicksaft zu einer würzigen Soße verrühren.

Den Blumenkohl in Stücke teilen, waschen, abtrocknen, grob raspeln und unter die Salatsoße rühren.

Den Radicchio putzen, die Blätter waschen, trocken tupfen und den Blumenkohl darauf anrichten.

Mit gerösteten Mandelsplittern und Dill garnieren und servieren.

Möhren-Apfel-Rohkost

Zubereitung

Den Zitronensaft mit dem Honig vermischen. Die Möhren schälen, die Äpfel gründlich waschen und abtrocknen. Dann beides grob raspeln. Die Raspel mit der Zitronensaftmischung verrühren. Die Dickmilch darübergeben, unterrühren und mit Salz und Pfeffer abschmecken. Den Salat ein wenig ziehen lassen.

Zutaten

für 4 Portionen

- Saft einer Zitrone
- 250 g Dickmilch
- 1 EL Honig
- 400 g Möhren
- 4 säuerliche Äpfel, z. B. Boskop
- Salz, Pfeffer

Zutaten

für 4 Portionen

- 1 Zitrone
- 1 EL fettarmer Joghurt oder saure Sahne
- 1 kleine Zwiebel
- 500 g Kohlrabi
- 1 kleines Bund frische Petersilie
- Salz, Pfeffer

Kohlrabi-Rohkost

Zubereitung

Den Kohlrabi schälen, grob raspeln oder in sehr feine Würfel schneiden. Die Petersilie waschen und trocken schütteln. Etwas Petersilie sehr fein hacken. Die Zwiebel schälen und in sehr feine Würfel schneiden.

Die Zitrone auspressen. Aus dem Joghurt, ein bis zwei Esslöffeln Zitronensaft und der Petersilie ein Dressing rühren und mit dem Kohlrabi mischen. Mit Salz und Pfeffer abschmecken.

Die restliche Petersilie grob zerkleinern, über die Rohkost geben und servieren.

Zutaten

für 4 Portionen

- 200 g saure Sahne
- 2 EL Öl
- ½ reife Banane
- etwas frisch geriebener Meerrettich
- etwas frischer Estragon
- Salz, Pfeffer
- Honig nach Geschmack
- 2 kleine Fenchelknollen (circa 300 g)
- 2 kleine Äpfel (circa 200 g)
- Saft einer ½ Zitrone
- 2 Orangen
- 2 EL gehackte Haselnüsse
- Radicchioblätter

Fenchel-Rohkost mit Orangen

Zubereitung

Die saure Sahne mit dem Öl glatt rühren. Die Banane mit der Gabel zerdrücken, mit dem Meerrettich und dem fein gehackten Estragon unter die Sahne mischen. Mit Salz, Pfeffer und Honig kräftig abschmecken.

Die Fenchelknollen putzen, waschen und abtrocknen. Das Fenchelgrün beiseitelegen. Anschließend den Fenchel in dünne Scheiben hobeln und in das vorbereitete Dressing geben. Das Fenchelgrün fein hacken und beiseitestellen. Die Äpfel waschen und gründlich abtrocknen. Dann die Äpfel vierteln, ebenfalls hobeln, mit Zitronensaft beträufeln und mit dem Salat mischen.

Die Orangen mit dem Messer schälen, dabei die weiße Innenhaut mit abschneiden, die Orangenfilets mit einem scharfen Messer herausschneiden und dritteln.

Zwei Drittel der Orangenfilets unter den Salat heben. Den Salat in Radicchioblättern anrichten, mit den restlichen Orangenfilets, Nüssen und Fenchelgrün garnieren.

Zutaten

für 4 bis 6 Portionen

- 100 g saure Sahne
- 12 EL Weißweinessig
- Zitronensaft nach Geschmack
- Birnendicksaft oder Honig nach Geschmack
- ½ TL gemahlener Kümmel
- ½ TL körnige Gemüsebrühe
- Salz, Pfeffer
- 400 g Weißkohl
- 1 Zwiebel
- 200 g Weintrauben ohne Kerne
- 1 kleines Bund Estragon
- 1 EL gehackte Walnüsse

Weißkohlsalat mit Weintrauben

Zubereitung

Den Weißkohl putzen, in Stücke schneiden und fein raspeln oder mit einem Messer fein schneiden. In eine Schale geben, mit Salz und der körnigen Brühe bestreuen und so lange kräftig kneten, bis der Kohl schön weich ist. Den Estragon waschen, trocknen und fein hacken. Aus saurer Sahne, Kümmel, Essig, Zitronensaft, Birnendicksaft und Pfeffer ein Dressing herstellen. Den Estragon unterrühren.

Die Weintrauben waschen und halbieren. Die Zwiebel schälen und in feine Würfel schneiden. Weintrauben und Zwiebel mit den gehackten Nüssen unter den Weißkohl mischen. Vorsichtig mit dem Dressing verrühren und gut durchziehen lassen.

Ohne sie geht es nicht

Nach einem reichhaltigen Frühstück sollte es am Tag noch mindestens eine weitere Hauptmahlzeit geben, mit der ein großer Teil des täglichen Energiebedarfs gedeckt wird. Traditionell ist das in vielen Familien das Mittagessen, in anderen Kulturen wird abends noch einmal groß aufgetischt. Wenn sie nicht zu spät und zu reichhaltig ist, kann die Abendmahlzeit eine schöne Gelegenheit sein, gemeinsam in Ruhe zu essen, nachdem tagsüber alle unterwegs waren und erst spät nach Hause gekommen sind.

Kartoffeln, Reis und Nudeln sind geeignete Sattmacher und sollten den größten Teil der Mahlzeit ausmachen. Kartoffeln bieten sich besonders an, wenn die Kinder kleine Gemüsemuffel sind. Sie sind vitamin- und mineralstoffreich und können helfen, das fehlende Gemüse zu ersetzen. Am meisten bleibt von ihren Inhaltsstoffen übrig, wenn man die Kartoffeln als Pellkartoffeln zubereitet.

Die Getreidebeilagen sollten aus Vollkorngetreide sein. Für viele Kinder ist der Geschmack von Vollkornnudeln oder -reis erst sehr ungewohnt, und man muss sie langsam daran gewöhnen. Das kann man machen, wenn man anfangs einen kleinen Anteil gegen Vollkornprodukte austauscht, der dann langsam größer wird. So kann man beispielsweise in einem Auflauf erst ein Viertel der Nudeln durch Vollkornnudeln ersetzen, die man dazwischengeschmuggelt hat, beim nächsten Mal dann schon etwas mehr.

Bei den Hauptspeisen ist die Auswahl groß, auch an leckeren Gerichten ohne Fleisch. Denn Gemüse muss ja nicht immer nur die Beilage sein – die Zeiten, in denen es täglich Fleisch geben sollte, sind längst vorbei. Kochen Sie mutig quer durch die Rezepte, und Sie werden sehen, wie gut auch Kindern eine abwechslungsreiche und fantasievolle Küche schmeckt.

Kartoffel-Lauch-Suppe mit Äpfeln

Zutaten

für 4 Portionen

- 150 g Kartoffeln
- 150 g Lauch
- 100 g Äpfel
- 800 ml Gemüsebrühe
- 1–2 EL Rapsöl
- Salz, Pfeffer
- Muskat
- 3 EL Sahne oder Milch
- 3–4 EL Majoran, frisch oder getrocknet

ab 6 Monaten

Zubereitung

Die Kartoffeln schälen und würfeln. Den Lauch waschen, putzen und in feine Ringe schneiden. Die Äpfel schälen, fein würfeln und mit dem Lauch in einer Pfanne in Öl andünsten.

Die Gemüsebrühe aufkochen, die Kartoffeln dazugeben und bei mäßiger Hitze 15 Minuten köcheln lassen. Die Lauchmischung zur Gemüsebrühe geben und noch einmal kurz garen lassen.

Dann Sahne oder Milch hinzufügen und die Suppe zum Schluss mit Majoran, Muskat, Salz und Pfeffer kräftig abschmecken.

Borschtsch

Zutaten

für 4 Portionen

- 200 g Rindfleisch
- 200 g Weißkohl
- 200 g Kartoffeln
- 1 Möhre
- 1 Rote Bete
- 1 Zwiebel
- 2 EL Sonnenblumenöl
- 1 TL Essig
- 1 TL Zucker
- 1 Becher saure Sahne
- Salz, Pfeffer
- Knoblauch
- 1,5 l Rinderbouillon

Zubereitung

Das Rindfleisch klein schneiden und in der Rinderbouillon circa 15 Minuten kochen. Die Kartoffeln schälen, den Weißkohl putzen und beides klein schneiden. Den Weißkohl und die Kartoffelwürfel zum Fleisch geben und etwa 20 bis 30 Minuten gar kochen.

Die Möhre und die Zwiebel schälen und in kleine Würfel schneiden. In einer Pfanne Zwiebel- und Möhrenwürfel mit dem ausgepressten Knoblauch andünsten und auch in die Rinderbouillon geben.

Die Rote Bete mit Schale in Wasser 25 bis 35 Minuten halb gar kochen, schälen und grob reiben. In einer Pfanne die Rote Bete mit Zucker und Essig dämpfen und anschließend in die Rinderbouillon geben. Die Suppe mit Salz und Pfeffer abschmecken und im Teller mit einem Löffel saurer Sahne garnieren.

Tipp

Beim Schälen von roher Roter Bete sollten Sie Einmalhandschuhe tragen.

Mais-Bohnen-Eintopf

Zubereitung

Die Zwiebeln schälen und fein hacken. Die Paprika waschen, putzen und würfeln. Die Kartoffeln schälen und in kleine Würfel schneiden.

Die Zwiebeln im Öl bei mittlerer Hitze glasig dünsten und die Paprika dazugeben. Anschließend die Kartoffeln und das kochende Wasser hinzufügen. Nach 15 Minuten die Kidneybohnen zur Gemüsemischung geben und weitere 15 Minuten garen lassen.

Anschließend Tomaten und Mais hinzufügen, mit Salz, Pfeffer und Zucker abschmecken. Dann noch einmal erhitzen und etwa 15 Minuten weitergaren.

Zutaten

für 4 Portionen

- 2 Zwiebeln
- 2 Paprika
- 2 kleine Kartoffeln
- 1 Dose Kidneybohnen (circa 400 g)
- 250 ml kochendes Wasser
- 1 große Dose Tomaten (gewürfelt)
- 1 Dose Mais (circa 400 g)
- 1–2 EL Rapsöl
- Salz, Pfeffer (Cayennepfeffer)
- Zucker

Hack-Gemüse-Eintopf

Zutaten

für 4 Portionen

- 2 Zwiebeln
- 2 Knoblauchzehen
- 2 Paprika
- 2 Zucchini
- 50 g magerer Speck
- 500 g Lamm- oder Rinderhackfleisch
- 1 Dose Mais
- 1–2 EL Mais- oder Rapsöl
- Salz, Pfeffer (Cayennepfeffer)

Zubereitung

Die Zwiebeln schälen und fein hacken. Die Paprika waschen, putzen und würfeln. Die Zucchini waschen und in kleine Würfel schneiden.

Den Speck in Würfel schneiden und zusammen mit den Zwiebeln im Öl bei mittlerer Hitze dünsten, bis die Zwiebeln glasig sind. Das Hackfleisch dazugeben und gut durchbraten. Die Knoblauchzehen schälen, pressen und unterrühren.

Die Fleischmischung mit Salz und Pfeffer abschmecken. Das restliche Gemüse dazugeben und bei kleiner Hitze ungefähr eine Stunde garen lassen, dabei immer wieder umrühren.

Das schmeckt!

ab 6 Monaten

Kartoffel-Buttermilch-Suppe

Zubereitung

Die Kartoffeln waschen, schälen und in mundgerechte Würfel schneiden. Die Zwiebeln schälen und klein hacken. Den Schnittlauch waschen und in feine Röllchen schneiden.
Die Zwiebeln und die Schinkenwürfel in einem Topf anbraten. Die Kartoffelwürfel dazugeben und kurz mit anschwitzen. Mit der Brühe aufgießen und die Gewürze hinzufügen. Die Suppe für circa 20 Minuten leicht köchelnd weitergaren.
Die Hälfte der Kartoffelwürfel herausnehmen, gut abtropfen lassen und in eine Schüssel geben. Die restliche Suppe pürieren. Danach die herausgenommenen Kartoffelwürfel wieder dazugeben, die Buttermilch hinzugießen und alles noch einmal erhitzen.
Die Suppe kräftig abschmecken und mit den Schnittlauchröllchen servieren.

Tipp

Mit einem Salat und Vollkornbrötchen serviert, ist die Suppe eine vollwertige Mahlzeit.

Zutaten

für 4 Portionen

- **2 Zwiebeln**
- **60 g geräucherter Schinken in Würfeln**
- **1,5 kg Kartoffeln**
- **900 ml Gemüsebrühe**
- **500 ml Buttermilch**
- **½ Bund Schnittlauch**
- **Muskat**
- **Salz, Pfeffer**

Bunter Kartoffeltopf mit Linsen

Zubereitung

Die Zwiebeln schälen und fein hacken. Die Kartoffeln schälen und in mundgerechte Würfel schneiden. Den Lauch putzen, waschen und in feine Streifen schneiden. Die Paprika waschen, putzen und in kleine Würfel schneiden.

Die Zwiebeln und die Kartoffeln kurze Zeit in dem Öl anbraten. Das restliche Gemüse und die Linsen zu den Kartoffeln und den Zwiebeln geben. Alles kurz weiterdünsten lassen. Die Brühe dazugießen. Den Apfel waschen, in feine Würfel schneiden und mit in die Suppe geben.

Bei mäßiger Hitze 20 bis 25 Minuten köcheln lassen. Den Frischkäse in die Suppe rühren, mit den Gewürzen kräftig abschmecken und vor dem Servieren mit dem Schnittlauch garnieren.

Tipp

Sie können die Suppe auch mit Schinkenwürfeln zubereiten. Braten Sie die Würfel dann zusammen mit den Kartoffeln und den Zwiebeln kräftig an. Möchten Sie die Suppe einfrieren, sollten Sie den Frischkäse erst nach dem Auftauen in der Suppe auflösen.

Zutaten

für 4 bis 6 Portionen

- **300 g getrocknete Linsen**
- **1–2 Zwiebeln**
- **1 EL Sonnenblumenöl**
- **800 g Kartoffeln**
- **2 Stangen Lauch oder 1 Bund Frühlingszwiebeln**
- **1–2 Paprika**
- **1 Apfel, z. B. Boskop**
- **1,5 l Gemüsebrühe**
- **150 g Frischkäse mit Kräutern, Rahmstufe**
- **1 Bund Schnittlauch**
- **Salz, Pfeffer**
- **Muskat**

Kürbissuppe mit Lauch

Zutaten

für 5 bis 6 Portionen

- 1 EL Rapsöl
- 1 kg Hokkaidokürbis
- 2 Stangen Lauch
- 250 g Kartoffeln
- 2 l Gemüsebrühe
- 100 g Frischkäse
- Muskat
- Salz, Pfeffer

Tipp

Bei Butternut- und Hokkaidokürbis können Sie die Schale im gegarten Zustand mitessen.

ab 6 Monaten

Zubereitung

Den Lauch waschen, putzen und in Ringe schneiden. Die Kartoffeln schälen und würfeln. Den Kürbis waschen, zerschneiden und die Kerne mit einem Esslöffel entfernen. Dann den ungeschälten Kürbis in große Würfel zerteilen.
Den Lauch in dem Öl andünsten, den Kürbis und die Kartoffeln dazugeben und mit der Gemüsebrühe aufgießen. Den Deckel auf den Topf setzen und die Suppe bei mäßiger Hitze etwa 35 Minuten köcheln lassen, bis das Gemüse schön weich ist.
Die Suppe mit dem Stabmixer pürieren und mit den Gewürzen abschmecken. Anschließend mit einem Klecks Frischkäse servieren.

Türkische Linsensuppe

Zutaten

für 4 Portionen

- 120 g rote Linsen
- 120 g Reis
- 3 EL Öl
- 1 EL Tomatenmark
- 1 Zwiebel
- 1 Möhre
- 1 mittelgroße Kartoffel
- Salz
- 1 TL Cayennepfeffer, nach Geschmack
- 1 Würfel Fleischbrühe

Zubereitung

Die Möhre und die Kartoffel waschen, schälen und in kleine Würfel schneiden. Die Zwiebel schälen und ebenfalls fein würfeln. Etwa zwei Esslöffel Öl in einen Topf geben und erhitzen, anschließend das Gemüse hinzufügen.

Linsen, Reis, einen Dreiviertelliter Wasser und den Brühwürfel dazugeben und alles kochen, bis es gar ist. Bei Bedarf noch etwas Wasser hinzufügen. Mit einem Stabmixer alles pürieren und mit Wasser auffüllen, bis es cremig ist. Noch einmal ein bis zwei Minuten kochen lassen.

In einer Pfanne einen Esslöffel Öl mit einem Teelöffel Cayennepfeffer und dem Tomatenmark erhitzen. Anschließend in die Suppe geben und unterrühren.

ab 6
Monaten

Fischgulasch

Zutaten

für 4 Portionen

- 500 g Fischfilet (Seelachs, Kabeljau, Dorsch oder Rotbarsch)
- Zitronensaft
- 2 EL Olivenöl
- 30 g roher Schinken
- 2 kleine Zwiebeln
- 3 Paprika, je 1 rote, 1 grüne, 1 gelbe
- 2 EL Tomatenmark
- Salz, Pfeffer
- Paprikapulver, edelsüß
- Kräuter der Provence
- 3 Tomaten

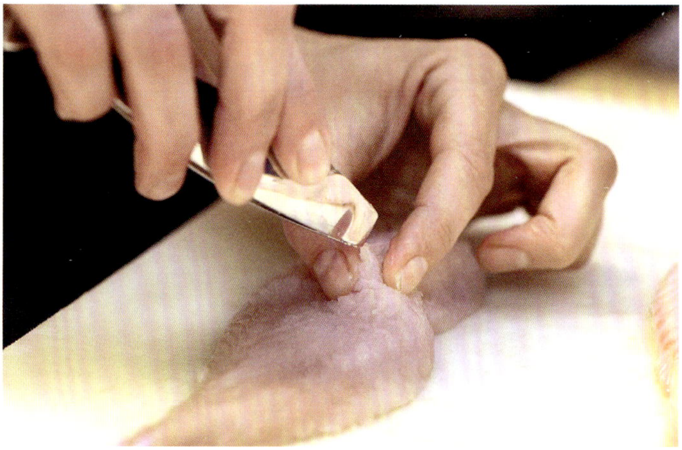

Zubereitung

Den Fisch waschen, abtupfen, in große Würfel schneiden und mit Zitronensaft beträufeln.

Die Paprika waschen, putzen, Zwiebeln schälen und beides in große Würfel schneiden. Wasser aufsetzen, die Stielansätze der Tomaten entfernen und die Tomaten an der Unterseite kreuzweise einschneiden. Die Tomaten einige Sekunden ins heiße Wasser geben, danach kalt abspülen und die Haut abziehen.

Die Tomaten halbieren, die Kerne mit einem Löffel entfernen und den Rest in kleine Würfel schneiden. Den in Streifen geschnittenen Schinken mit etwas Öl anbraten. Paprika- und Zwiebelwürfel hinzugeben und alles bissfest dünsten. Dann Tomatenwürfel und Tomatenmark hinzugeben, fünf Minuten schmoren lassen und bei Bedarf Wasser hinzugeben. Anschließend mit den Gewürzen abschmecken.

Den Fisch auf das Gemüse legen und dann 15 Minuten bei geschlossenem Deckel und leichter Hitze ziehen lassen. Danach den Fisch vorsichtig unter das Gemüse heben und gleich servieren.

Zutaten

für 4 Portionen

- 8–12 Fischstäbchen
- einige Salatblätter, z. B. Römersalat
- 4 Mehrkornbrötchen
- 1 Tomate
- Avocadocreme, siehe Rezept auf Seite 136

Tipp

Wer keine Avocadocreme mag, kann den Burger auch mit Tomatensoße oder selbst gemachtem Ketchup servieren (siehe Seite 173).

Fischburger

Zubereitung

Die Fischstäbchen im Backofen nach Packungsanleitung zubereiten. In der Zwischenzeit die Avocadocreme herstellen.

Den Salat waschen, trocken schleudern und die Blätter auseinanderzupfen. Die Tomaten waschen, putzen und in Scheiben schneiden. Die Brötchen aufschneiden, die Unterseite mit der Avocadocreme bestreichen, den Salat darauf verteilen und nach Wunsch zwei bis drei Fischstäbchen pro Brötchen nehmen. Einen Löffel Avocadocreme auf die Fischstäbchen geben und die obere Brötchenhälfte daraufklappen. Sofort servieren.

Helgoländer Rotbarschschnitten

Zubereitung

Den frischen Rotbarsch waschen, mit Zitronensaft beträufeln und circa zehn Minuten stehen lassen. Danach den Fisch längs durchschneiden. Die Zwiebel schälen und fein würfeln. Aus den Zwiebelwürfeln, dem Tomatenmark, der sauren Sahne, Salz und Pfeffer eine Paste herstellen.
Die Hälfte der Paste auf die eine Hälfte des Fisches streichen, die andere Hälfte des Fischfilets daraufsetzen und die Oberfläche mit der restlichen Paste bestreichen. Den Fisch in eine ofenfeste, gefettete Form geben, mit dem geriebenen Gouda bestreuen. Bei 200 °C 15 bis 20 Minuten im Backofen goldgelb backen.

Zutaten

für 4 Portionen

- 600 g frisches Rotbarschfilet
- 1 Zitrone
- 1 Zwiebel
- 2 EL Tomatenmark
- 2 EL saure Sahne
- Salz, Pfeffer
- 40 g geriebener Gouda
- Margarine zum Fetten der Form

Avocadocreme

Zubereitung

Die Avocados halbieren und entsteinen. Das Fruchtfleisch mit einem Löffel aus der Schale lösen, mit einer Gabel zerdrücken oder mit dem Stabmixer pürieren, anschließend mit Zitronensaft beträufeln.

Die Tomate waschen, abtrocknen, vom Stielansatz befreien, klein würfeln und zum Aufstrich geben. Die Zwiebel schälen, fein hacken und hinzufügen. Die Petersilie waschen, trocknen, fein hacken und unterrühren. Knoblauch schälen, durch die Presse drücken, zum Aufstrich geben und verrühren. Mit Salz und Pfeffer abschmecken.

Zutaten

für 4 Portionen

- 2 reife Avocados
- 1 TL Zitronensaft
- 1 kleine Tomate
- 1 kleine Zwiebel
- 1 Bund Petersilie
- 1 Knoblauchzehe
- Salz, Pfeffer

ab 6 Monaten

Pilzpfanne

Tipp

Sie können zu den Nudeln etwas frisch geriebenen Parmesan oder Pecorino servieren. Schnittlauch ist eine gute Alternative zu Petersilie.

Zutaten

für 4 Portionen

- 500 g frische Spätzle aus dem Kühlregal
- 50 g Schinkenwürfel oder geräucherte Putenbrust
- 400 g Champignons
- ½ Bund Frühlingszwiebeln oder 1 Stange Lauch
- 1 EL Rapsöl
- 3 EL Schmand
- 150 ml fettarme Milch
- 1 Bund frische oder ein ½ Päckchen tiefgekühlte Petersilie
- Salz, Pfeffer

Zubereitung

Die Champignons säubern und in dünne Scheiben schneiden. Die Frühlingszwiebeln waschen, putzen und in feine Streifen schneiden. Die Spätzle in kochendem Wasser garen und abgießen.

In einer beschichteten Pfanne das Öl erhitzen. Die Schinkenwürfel bei mittlerer Hitze anbraten und dann die Pilze sowie Frühlingszwiebeln hinzufügen. Mit den Gewürzen kräftig abschmecken. Achtung: Das Fleisch ist schon salzig.

Den Schmand und die Milch dazugeben und in wenigen Minuten cremig einkochen.

Die Petersilie waschen, trocken schütteln, fein hacken und zu der Pilzmischung hinzufügen. Die fertigen Spätzle ebenfalls in die Pfanne geben und alles gut verrühren.

Das schmeckt!

Hähnchenspieße

Zubereitung

Die Hähnchenbrustfilets unter fließendem kaltem Wasser abspülen, trocken tupfen und in große Würfel schneiden. Die Brokkoliröschen in kochendem Salzwasser circa fünf Minuten kochen und in einem Sieb gut abtropfen lassen. Die Paprika waschen, putzen und in mundgerechte Stücke schneiden. Ebenfalls in kochendem Salzwasser drei bis fünf Minuten kochen und im Sieb abtropfen lassen.
Für die Marinade die Zitrone auspressen und mit Sojasoße, Chili, Ingwer, Pfeffer und Öl verrühren. Achtung: Den Zitronensaft nach und nach zugeben und vorsichtig dosieren.
Abwechselnd die Gemüsewürfel und das Fleisch auf die Spieße stecken, diese in eine Schale legen und mit der Marinade bestreichen. Zugedeckt etwas durchziehen lassen.
Die Spieße in die Grillschale legen und auf den heißen Grill stellen. Unter regelmäßigem Wenden circa 15 Minuten grillen und mehrfach mit der Marinade bestreichen.

Tipp

Statt einer Grillschale können Sie auch ein Stück Alufolie nehmen. Einfach mit einer Gabel mehrmals einstechen und dünn mit Öl bestreichen.

Zutaten

für 8 Portionen

- 400 g Brokkoliröschen, frisch oder tiefgekühlt
- je 1 gelbe und rote Paprika
- 4 Hähnchenbrustfilets à 160 g

Marinade:

- 2 EL Sojasoße
- 1 Zitrone
- 2 EL Öl
- 1 TL gemahlener Ingwer
- 1 TL Chilipulver
- Salz, Pfeffer

Außerdem:

- 8 Holzspieße
- 1 Grillschale

Hähnchenbrust im Gemüsebett

Zubereitung

Die Hähnchenbrust mit dem Fleischgewürz einreiben und in einer beschichteten Pfanne mit etwas Öl gut anbraten.

Die Zwiebeln schälen, klein schneiden und glasig braten. Das Gemüse waschen, putzen und klein schneiden. Anschließend in die Pfanne geben und anbraten. Mit der Gemüsebrühe ablöschen, Tomatenmark und Knoblauch dazugeben und mit den Gewürzen abschmecken. Die Pfanne mit einem Deckel abdecken und alles bei mittlerer Hitze ungefähr 40 Minuten garen lassen, dabei immer wieder umrühren und eventuell Flüssigkeit ergänzen.

Zutaten

für 4 Portionen

- 1 kg Hähnchenbrust
- 4 große Möhren
- 4 große Kartoffeln
- 3 rote Paprika
- 3 gelbe Paprika
- 1 Zucchini
- 1 kleine Dose Tomatenmark
- 1–2 Zwiebeln
- Knoblauch nach Geschmack
- 500 ml Gemüsebrühe
- türkisches Fleischgewürz (z. B. Baharat)
- 2–3 EL Olivenöl
- Salz, Pfeffer

Tipp

Als Beilage eignen sich Reis oder Bulgur und dazu etwas Naturjoghurt.

Kürbisquiche

Zutaten

für 1 Springform

Teig:

- 250 g Weizenvollkornmehl
- ½ TL Salz
- 4 EL kaltes Wasser
- 125 g Butter oder ungehärtete Margarine
- Fett für die Form

Füllung:

- 600 g Kürbis (Hokkaido oder Butternut)
- 2 Zwiebeln
- 100 g Magerquark
- 100 g saure Sahne
- 2 Eier
- 50 g Parmesan
- 150 g geräucherter Schinken, gewürfelt
- Muskat
- Salz, Pfeffer
- Öl für die Pfanne

Tipp

Bei Butternut- und Hokkaidokürbis können Sie die Schale im gegarten Zustand mitessen.

Zubereitung

Die Zutaten für den Teig vermischen, durchkneten und 30 Minuten kühl stellen.

Den Kürbis waschen, von den Kernen befreien und klein schneiden. Die Zwiebeln schälen und fein hacken. Beides in etwas Öl anbraten und mit Pfeffer und Salz abschmecken.

Den Parmesan reiben. Den Magerquark und die saure Sahne mit den Eiern verrühren und gut würzen. Die Hälfte des Parmesans unterrühren.

Den Backofen auf 180 °C (Umluft) vorheizen. Die Springform einfetten.

Den Teig in der Springform verteilen und dabei einen zwei bis drei Zentimeter hohen Rand ziehen. Den Boden mit der Gabel mehrmals einstechen. Den Teig für zehn Minuten im vorgeheizten Ofen backen. Die Kürbis-Zwiebel-Masse auf den Teig geben, die Eiermischung darübergießen, den Schinken und den restlichen Käse darauf verteilen und 40 bis 50 Minuten fertig backen.

Pute mit Erdnüssen

Zutaten

für 4 Portionen

- 500 g Putenbrustfilet
- 1 Knoblauchzehe
- 1 Möhre
- 1 rote Paprika
- ½ Bund Frühlingszwiebeln
- 200 ml Hühnerbrühe oder Geflügelfond
- 60 g frische Erdnüsse
- 100 g saure Sahne
- 1 EL Rapsöl
- Salz, Pfeffer
- Curry

Tipp

Als Beilage zum Gericht eignen sich Reis und frischer Salat.

Zubereitung

Die Frühlingszwiebeln waschen und in sehr feine Ringe schneiden. Paprika waschen, putzen und in mundgerechte Würfel schneiden. Die Möhre schälen und grob raspeln. Den Knoblauch im Mörser oder mit etwas Salz und der gewölbten Seite eines Löffels fein reiben. Das Fleisch kalt abspülen, mit einem Küchentuch trocken tupfen und in Würfel schneiden.

Das Öl in einem Topf erhitzen und die Fleischwürfel darin von allen Seiten kräftig anbraten. Das Gemüse und den Knoblauch dazugeben und mit Pfeffer und Salz würzen. Das Fleisch mit der Brühe ablöschen, die Hälfte der geschälten Erdnusskerne dazugeben und alles für circa 15 Minuten garen lassen.

Die saure Sahne und die restlichen Erdnüsse in ein hohes Gefäß geben. Mit einem Stabmixer pürieren, circa einen Teelöffel Currypulver untermischen und zum Fleisch geben. Eventuell noch mit Pfeffer und Salz kräftiger abschmecken.

Nudelauflauf

Zubereitung

Den Backofen auf 180 °C (Umluft) vorheizen und ein Backblech mit Backpapier auslegen – kein ausziehbares Blech verwenden.
Die Nudeln in kochendem Salzwasser garen, in ein Sieb gießen und gut abtropfen lassen.
In der Zwischenzeit die Zwiebel schälen und fein würfeln. Die Zwiebel mit dem Hackfleisch gut durchbraten. Die Paprika waschen, putzen und in kleine Würfel schneiden. Den Mais gut abtropfen lassen. Paprika und Mais zu der durchgegarten Hackfleischmischung geben und mitbraten. Dann die Tomaten einrühren und mit den Gewürzen kräftig abschmecken. Die saure Sahne mit dem Schmand verrühren und würzen.
Die Nudeln auf das Backblech geben, die Hackfleischmischung und die Sahne darübergeben und das Ganze mit dem Käse bestreuen. Das Backblech in den Ofen schieben und circa 30 Minuten backen. Dazu passt grüner oder gemischter Salat.

Tipp

Sie können auch alle Zutaten gut miteinander vermischen und in einer Auflaufform backen.

Zutaten

für 4 Portionen

- 500 g Nudeln, z. B. Makkaroni
- 300 g Hackfleisch
- 1 gelbe Paprika
- 1 kleine Dose Mais
- 1 Zwiebel
- 1 große Dose Tomaten in Stücken
- 100 g geriebener Käse, z. B. Emmentaler oder Gouda
- 100 g Schmand
- 150 g saure Sahne
- Salz, Pfeffer
- Oregano

Kartoffel-Feta-Hack-Auflauf

Zutaten

für 4 Portionen

- 500 g festkochende Kartoffeln
- 1 rote Paprika
- 300 g Hackfleisch
- 1 Knoblauchzehe
- einige Zweige Rosmarin oder Thymian
- 100 ml Sahne
- 100 ml Milch
- Salz, Pfeffer
- 150 g Fetaschafskäse oder geriebener Käse
- 1–2 EL Rapsöl

Zubereitung

Den Knoblauch fein hacken und mit dem Hackfleisch vermengen. Das Hackfleisch in einer beschichteten Pfanne in etwas Öl gut durchbraten und mit Salz und Pfeffer würzen. Die Kartoffeln im kochenden Salzwasser garen, noch warm pellen und in Scheiben schneiden. Die Scheiben in eine gefettete Auflaufform geben.

Den Backofen auf 180 °C (Umluft) vorheizen.

Die Rosmarinnadeln bzw. Thymianblättchen von den gewaschenen Zweigen zupfen und fein hacken. Die Paprika waschen, putzen und in kleine Würfel schneiden. Die Paprikawürfel mit den gehackten Kräutern unter das Hackfleisch mischen und auf den Kartoffeln verteilen.

Die Milch und die Sahne vermischen und mit den Gewürzen abschmecken. Achtung: Nicht zu stark salzen, weil der Käse auch salzig ist. Die Mischung über die Kartoffel-Hackfleisch-Mischung gießen und den Fetakäse darüberbröseln.

Den Auflauf circa 25 Minuten backen, bis der Käse leicht gebräunt ist.

Gemüsepuffer

Zutaten

für 4 Portionen

- **5 Möhren**
- **2 kleine Zucchini**
- **1 Zwiebel**
- **1 Ei**
- **Maismehl nach Bedarf zum Binden der Teigmasse**
- **Salz, Pfeffer**
- **Öl für die Pfanne**

Tipp

Zu den Gemüsepuffern schmeckt Kräuterjoghurt (Seite 151) besonders gut.

Zubereitung

Die Möhren bürsten oder schälen, dann raspeln. Die Zucchini waschen und ebenfalls raspeln. Die Zwiebel schälen und in feine Würfel schneiden.

In einer Schüssel Möhren- und Zucchiniraspel mit dem Ei, dem Maismehl, Zwiebeln, Salz und Pfeffer zu einer festen Masse mischen und kleine, flache Puffer formen.

Öl in einer beschichteten Pfanne erhitzen und die Puffer von beiden Seiten goldbraun braten.

ab 6 Monaten

Reis-Spinat-Auflauf

Zutaten

für 4 Portionen

- 180 g Langkornreis
- 100 g Frühlingszwiebeln
- 400 g Spinat, frisch oder tiefgekühlt
- 285 g Mais aus der Dose
- 100 g würziger Schnittkäse, fettarm (30 Prozent Fett)
- 2 Eier
- Salz, Pfeffer
- Muskat
- Oregano

Zubereitung

Den Reis mit 360 Millilitern Wasser aufkochen und zugedeckt bei niedriger Hitze etwa zehn Minuten garen. In ein Sieb gießen und gut abtropfen lassen.

In der Zwischenzeit die Frühlingszwiebeln waschen, putzen und in dünne Ringe schneiden. Den Spinat garen und eventuell grob hacken. Den Käse fein reiben oder geraspelten Käse verwenden. Den Mais in einem Sieb abtropfen lassen.

Den Reis mit dem Mais, Käse, den Eiern, Frühlingszwiebeln und Spinat mischen und mit den Gewürzen kräftig abschmecken. Die Reismischung in eine gefettete Auflaufform mit hohem Rand geben und in den kalten Backofen stellen. Den Backofen auf 200 °C (Ober- und Unterhitze) stellen und den Auflauf circa 30 Minuten backen, bis die Oberfläche schön gebräunt ist. Dazu passt grüner oder gemischter Salat.

Hirsegemüse mit Joghurt

Zubereitung

Die Zwiebeln schälen, klein schneiden und in Öl glasig braten. Die Hirse und den Curry hinzugeben und weiter anbraten, bis alles leicht gebräunt ist. Dann mit der Gemüsebrühe ablöschen, kurz aufkochen und bei mittlerer Hitze nach Packungsangabe ungefähr 15 bis 30 Minuten quellen lassen.
Wichtig: Regelmäßig kontrollieren, ob noch Wasser dazugegeben werden muss, damit die Hirse weiterquellen kann und nicht anbrennt.
Das Gemüse gut waschen und in kleine Würfel schneiden. Zuerst die Möhren andünsten, nach fünf Minuten den Brokkoli dazugeben und mitgaren. Nach weiteren fünf Minuten die Zucchini hinzufügen. Nach insgesamt 15 Minuten Garzeit das gesamte Gemüse zu der Hirsemischung geben und mit den Gewürzen abschmecken.
Die Kräuter waschen und klein hacken, anschließend zum Joghurt geben und mit Salz und Pfeffer abschmecken.
Die fertig gegarte Hirse-Gemüse-Mischung auf einem Teller anrichten, darauf etwas Joghurt geben und servieren.

Zutaten

für 4 Portionen

- 250 g Goldhirse
- 500 g Möhren
- 300 g Zucchini
- 300 g Brokkoli
- 2 Zwiebeln
- 500 ml Gemüsebrühe
- 2 Bund glatte Petersilie, Koriander oder Minze
- 1–2 EL Öl
- 500 g Naturjoghurt
- 1 EL Curry
- Salz, Pfeffer

Ratatouille-Pizza

Zutaten

für 4 Portionen

- 100 g Weizenvollkornmehl
- 150 g Weizenmehl, Type 550
- ½ Hefewürfel
- 1 EL Honig
- 3 EL Olivenöl
- 30 g Pinienkerne
- 3 TL feiner Rohrzucker
- 150 g cremiger Schafskäse
- 150 g saure Sahne
- Pfeffer, Salz
- 2 Knoblauchzehen
- 200 g Auberginen
- 150 g Zucchini
- 350 g Flaschentomaten
- 1 große Paprika
- ½ Bund Basilikum

Zubereitung

Backofen auf 240 °C (Ober- und Unterhitze) vorheizen. Eine Schüssel mit kaltem Wasser in den Ofen schieben.
Das Mehl mit einem halben Teelöffel Salz in eine Schüssel sieben, in die Mitte eine Mulde drücken. Die Hefe, circa 125 Milliliter lauwarmes Wasser und den Honig in eine kleine Schüssel geben und vermischen. Die Hefemischung nun mit dem Mehl gut vermischen, dabei einen Esslöffel Olivenöl zugeben und mit den Händen aus der Mitte heraus oder mithilfe von Knethaken zu einem geschmeidigen, homogenen Teig verarbeiten. Den Teig in eine Schale geben, mit einem Tuch abdecken und an einem warmen Ort circa 30 Minuten gehen lassen, bis sich das Volumen des Teiges verdoppelt hat.
Die Pinienkerne mit dem Rohrzucker in eine beschichteten Pfanne geben und unter ständigem Rühren karamellisieren.
Leicht salzen, herausnehmen und auf einem Teller abkühlen lassen.
Schafskäse und saure Sahne verrühren, eventuell salzen und pfeffern. Knoblauch schälen, fein hacken und unter die Schafskäsemischung rühren.
Auberginen und Zucchini waschen, abtrocknen, putzen, in Scheiben schneiden und leicht salzen. Das restliche Öl in einer Pfanne erhitzen und die Auberginen und Zucchini nacheinander von beiden Seiten kräftig anbraten. Auf Küchenpapier legen und das überschüssige Fett abtupfen. Tomaten und Paprika waschen, putzen und in Scheiben bzw. Ringe schneiden.

Den Teig kurz durchkneten, ausrollen und auf ein gefettetes Backblech legen. Die Käsecreme darauf verteilen. Das Gemüse übereinanderschichten und mit Salz und Pfeffer würzen.
Die Pizza bei 240 °C circa zwölf Minuten im vorgeheizten Backofen auf der untersten Einschubleiste backen. Basilikumblätter abzupfen und mit den karamellisierten Pinienkernen auf die Pizza streuen und sofort servieren.

Tipp

Die Portionen sind großzügig berechnet, es kann etwas übrig bleiben. Das Gericht lässt sich gut einfrieren!

Zutaten

für 4 Portionen

- 2 Zwiebeln
- 2 Stangen Lauch
- 2 Knoblauchzehen
- 2 Paprika
- 600 g gekochte Kartoffeln
- 300 g Kidneybohnen
- 60 g Tomatenmark
- 250 ml Gemüsebrühe
- 5–6 Tomaten
- 1–2 EL Olivenöl
- Salz, Pfeffer
- Oregano
- Thymian, Cayennepfeffer
- 100 g Schafskäse

Gemüse-Bohnen-Pfanne

Zubereitung

Die Zwiebeln schälen und fein hacken. Den Lauch putzen, waschen, halbieren und in Streifen schneiden. Die Paprika und Tomaten waschen, putzen und würfeln. Wer möchte, kann die Tomaten vorher enthäuten (siehe Seite 155) und entkernen. Die gekochten Kartoffeln pellen und ebenso wie die Tomaten in grobe Würfel schneiden.

Das Olivenöl in einer Pfanne erhitzen und die Zwiebeln darin glasig dünsten. Die Knoblauchzehen schälen, pressen und dazugeben. Den Lauch zu den Zwiebeln geben und braten, dabei aber nicht zu braun werden lassen. Die Paprikawürfel, Kartoffeln und Kidneybohnen hinzufügen und kurz mitgaren. Dann das restliche Gemüse außer den Tomaten dazugeben. Alles unter ständigem Rühren leicht anbraten. Das Tomatenmark einrühren und mit der Gemüsebrühe auffüllen. Zum Schluss die Tomaten hineingeben und kurz mitgaren. Mit den Kräutern und Gewürzen kräftig abschmecken. Vor dem Servieren den gewürfelten Schafskäse darüberstreuen.

Duvečreis

Zubereitung

Den Reis kochen, bis er gerade bissfest ist.
Die Schale der Tomaten kreuzweise einritzen. Die Tomaten dann circa 20 Sekunden in heißes Wasser geben, anschließend häuten und in kleine Würfel schneiden. Die Paprika waschen, putzen und fein würfeln. Die Zwiebeln schälen und klein schneiden.
Den bissfesten Reis, das Gemüse und das Öl vermischen und in eine gefettete Auflaufform geben.
Die Auflaufform abdecken und den Reis bei 200 °C (Umluft) circa 30 Minuten garen.

Zutaten

für 4 Portionen

- **500 g Reis, parboiled oder Naturreis**
- **6–7 Tomaten**
- **5 rote Paprika**
- **1 Zwiebel**
- **3 EL Rapsöl**
- **Salz, Pfeffer**

Tipp

Zu diesem Gericht passen Hähnchenfleisch und frischer Salat.

Spinat-Tomaten-Lasagne

Zutaten

für 4 Portionen

- 400 g Lasagne-platten
- 1–2 Knoblauch-zehen
- 350 g tiefgekühlter oder 700 g frischer Blattspinat
- 800 g Tomaten aus der Dose
- 150 g Mozzarella
- Salz, Pfeffer
- 200 g geriebener Käse
- Pinienkerne nach Geschmack

Zubereitung

Den Backofen auf 180 °C (Umluft) vorheizen und eine gefettete Auflaufform vorbereiten.

Die Tomaten mit einem Stabmixer etwas zerkleinern und mit dem gepressten Knoblauch und den Gewürzen kräftig abschmecken.

Den Blattspinat grob hacken. Frischen Blattspinat mit etwas Wasser andünsten. Die Flüssigkeit vom Mozzarella abgießen und den Käse in dünne Scheiben schneiden.

Nun in die Auflaufform abwechselnd Tomatensoße, Nudeln, Blattspinat und Mozzarella in Schichten legen, bis alle Zutaten aufgebraucht sind. Den Blattspinat dabei mit Salz und Pfeffer würzen und nach Geschmack mit Pinienkernen bestreuen.

Die oberste Schicht sollte Tomatensoße sein, die dann mit dem geriebenen Käse bestreut wird.

Den Auflauf circa 35 bis 40 Minuten backen, bis der Käse leicht gebräunt ist.

Tipp

Sie können nach diesem Rezept auch einen Nudelauflauf zubereiten, indem Sie statt der Lasagneplatten Nudeln nehmen. Nudeln müssen, anders als die Lasagneplatten, bissfest vorgekocht werden. Für einen Nudelauflauf brauchen Sie die Zutaten nicht in Schichten zu legen, sondern nur gleichmäßig zu vermischen. Der Käse wird wieder zuletzt darübergestreut.

Möhren-Frikadellen

Zutaten

für 2 bis 4 Portionen

- **400 g Möhren**
- **2 Eier**
- **8 EL Weizenvoll-kornmehl**
- **1 EL gehackte Petersilie oder Dill**
- **Salz, Pfeffer**
- **Öl für die Pfanne**

Zubereitung

Die Möhren bürsten oder schälen, dann raspeln. In einer Schüssel die Möhren mit den Eiern, dem Weizenvollkornmehl, den Kräutern, Salz und Pfeffer mischen und zu einem Teig verkneten. Aus dem Teig kleine Frikadellen formen.
Öl in der Pfanne erhitzen und die Frikadellen bei mittlerer Hitze von beiden Seiten goldbraun braten.

Tipp

In einer beschichteten Pfanne können Sie beim Braten viel Öl sparen. Größere Mengen der Frikadellen lassen sich einfacher herstellen, wenn man sie in einer Pfanne anbrät und im Backofen bei 180 °C (Umluft) in circa 15 Minuten fertig gart.

Folienkartoffeln mit Quarkremoulade

Zubereitung

Die Kartoffeln waschen oder mit einer Gemüsebürste kräftig unter fließendem Wasser abbürsten. Anschließend abtrocknen und auf ihrer breiteren Fläche kreuzweise einritzen. Aus der Alufolie acht große Quadrate schneiden und mit Öl bepinseln. Die Kartoffeln mit der eingeritzten Fläche nach oben auf die Folie legen und mit ihr gut einpacken. Die Kartoffeln im Backofen bei 180 bis 200 °C (Ober- und Unterhitze) circa 45 Minuten garen.

Nun aus den restlichen Zutaten die Remoulade herstellen: Dazu den Quark, die saure Sahne, Essig, Senf, Gewürze und den klein geschnittenen Schnittlauch in einer Schale vermengen. Das Ei kochen, abschrecken, pellen und in kleine Würfel schneiden. Die Frühlingszwiebel säubern, putzen und in feine Ringe schneiden. Den Mais abtropfen lassen. Alle Zutaten mit der Quarkcreme verrühren.

Nach dem Backen die Folienpäckchen leicht andrücken, damit die eingeschnittenen Stellen der Kartoffeln aufplatzen. Die Folie oben aufschneiden oder öffnen. Kurz abdampfen lassen und mit der Remoulade füllen.

Zutaten

für 4 Portionen

- 8 mittelgroße, mehligkochende Kartoffeln
- Alufolie

Remoulade:

- 125 g Magerquark
- 125 g saure Sahne
- 1 TL Kräuteressig
- 1 Frühlingszwiebel
- 1 hartgekochtes Ei
- ½ kleine Dose Mais
- 1 TL mittelscharfer Senf
- Salz, Pfeffer
- Schnittlauch, frisch oder tiefgefroren
- Zucker

Tipp

Die Remoulade passt auch gut zu den Blechkartoffeln (Seite 174).

Warmer Kartoffelsalat mit Kürbis

Zutaten

für 4 Portionen

- 2 Zwiebeln
- 500 g Kürbisfleisch, Hokkaido oder Butternut
- 5 EL geröstete Kürbiskerne
- 750 g festkochende Kartoffeln
- 1–2 EL Kürbiskern- oder Rapsöl
- Salz, Pfeffer

Soße:

- 2 EL Kürbiskern- oder Rapsöl
- 3 EL Essig
- ⅛ l Gemüsebrühe
- Salz, Pfeffer

Zubereitung

Die Zutaten für die Soße verrühren. Die Zwiebeln schälen und fein hacken. Die Kartoffeln in kochendem Wasser garen, danach abgießen, noch warm pellen, in Scheiben schneiden und mit der Essig-Öl-Soße vermischen. Anschließend etwas ziehen lassen.
Den Kürbis waschen und in kleine Würfel schneiden (siehe Tipp auf Seite 102). Zusammen mit den Zwiebeln im Öl bei mittlerer Hitze in der Pfanne garen. Dann leicht salzen, zu den Kartoffeln geben und vermischen.
Mit den gerösteten Kürbiskernen bestreuen und noch warm servieren.

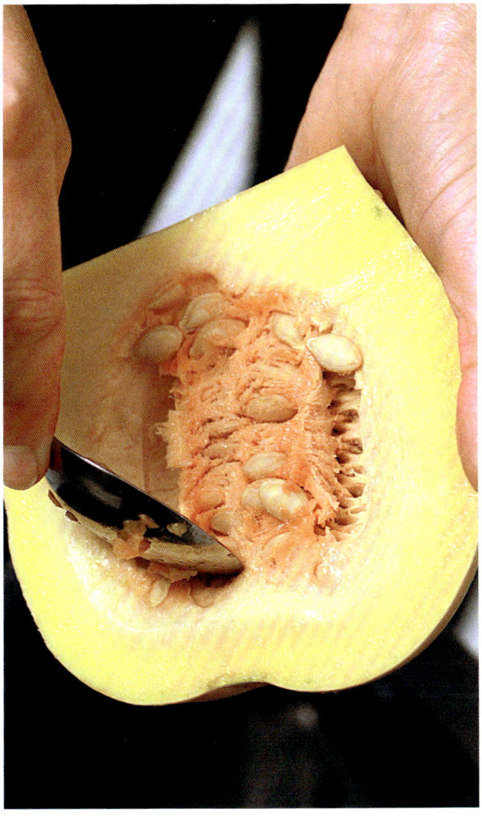

Vegetarische Köfte

Tipp

Das Gericht schmeckt warm oder kalt sehr gut, z. B. auf Salatblättern mit Zitrone – als Hauptgericht oder als Beilage.

Zutaten

für 4 Portionen

- **250 g Bulgur (Weizengrütze)**
- **125 g schwarze oder rote Linsen**
- **2 Lauchzwiebeln**
- **1 Zwiebel**
- **½ Bund glatte Petersilie**
- **1 EL Öl**
- **100 g Paprikamark**
- **türkisches Paprikapulver**
- **Salz, Pfeffer**

Zubereitung

Die Linsen in kochendes Wasser geben und 15 Minuten garen lassen. Den Bulgur dazugeben und fünf Minuten mitkochen. Dann die Linsen und den Bulgur bei mäßiger Hitze quellen lassen, bis eine bissfeste Konsistenz erreicht ist. Die Masse etwas abkühlen lassen.

Die Zwiebel schälen, klein schneiden und in Öl glasig braten. Paprikamark und Pfeffer hinzugeben und kurz weiter anbraten.

Die Petersilie und die Lauchzwiebeln waschen und klein hacken.

Alle Zutaten miteinander vermischen und kneten, bis ein klebriger Teig entstanden ist. Kleine, handtellergroße Portionen mit der Hand zu ovalen Schiffchen formen.

Kartoffelsalat mit Sprossen

Zubereitung

Die Kartoffeln ungeschält in Salzwasser nicht zu weich kochen. Die warmen Kartoffeln pellen und in Scheiben schneiden. Die Eier garen und unter kaltem Wasser abschrecken.
Die Äpfel entkernen und in feine Würfel schneiden. Damit die Äpfel nicht braun werden, den Zitronensaft darüberträufeln oder sie in eine Schale mit Zitronenwasser geben.
Die Zwiebel schälen, fein hacken und mit den Äpfeln und den Keimlingen unter die Kartoffeln heben.
Die Gurken in feine Würfel schneiden. Die Radieschen waschen, putzen und in feine Scheiben schneiden. Die Eier pellen und ebenfalls in feine Würfel schneiden. Die Zutaten vorsichtig unter die Kartoffeln mischen.
Für das Dressing die Buttermilch mit der Salatcreme und dem Senf glatt rühren und mit den Gewürzen kräftig abschmecken. Das Dressing unter den Salat mengen und mit dem fein geschnittenen Schnittlauch bestreuen und servieren.

Zutaten

für 4 Portionen

- 1 kg festkochende Kartoffeln
- 3 Äpfel
- Saft einer Zitrone
- 300 g Sojasprossen
- 1 Zwiebel
- 4 Gewürzgurken
- 1 Bund Radieschen
- 2 Eier
- 250 ml Buttermilch
- 250 g Joghurt-Salatcreme
- 3–4 EL mittelscharfer Senf
- Salz, Pfeffer
- Schnittlauch, frisch oder tiefgefroren

Das schmeckt!

Die Stärkung zwischendurch

Die „kleine Mahlzeit zwischendurch" ist schon ein geflügeltes Wort geworden, und es gibt unzählige Produkte, die so beworben werden. Meistens ist es aber gar nicht nötig, Zwischenmahlzeiten anzubieten, und es ist oft auch nicht gesund.

Verbringt man mit seinem Kind einen Nachmittag auf dem Spielplatz, wird es auch ohne Snack gehen, denn schließlich ist das Kind ja zum Spielen, Klettern und Toben dort. Und wenn Zwischenmahlzeiten zu regelmäßig angeboten werden, verlieren die Kinder ihr Sättigungsgefühl und essen insgesamt zu viel am Tag. Oft wird der Energiebedarf des Tages dann großenteils über Süßigkeiten oder fettreiche Knabbereien eingenommen, zusammen mit stark gezuckerten Getränken wie Limonade oder Eistee. Da kommen gesunde Hauptmahlzeiten schnell zu kurz.

Beim Picknick, auf einem Ausflug und einer Radtour oder wenn der Hunger wirklich mal klein ist, sind Snacks aber genau richtig. Und es gibt auch viele leckere Möglichkeiten für gesunde Kleinigkeiten, die leicht selbst zu machen sind. Vielleicht haben die Kinder ja Lust, ihren Proviant selbst zuzubereiten?

Tipp

Wenn keine Kinder mitessen, bestreichen Sie das Ciabatta doch einmal zusätzlich mit einem scharfen Frischkäse (Typ Peperoni). Dann wird das Brot schön würzig. Das Ciabatta können Sie auch durch Brötchen oder Baguettestangen ersetzen.

Zutaten

für 4 bis 8 Portionen

- 200 g Kochschinken oder Putenbrust
- 1–2 Zwiebeln
- 1–2 Paprika
- 1–2 Eier
- 50 g magerer Frühlingsquark
- 200 g geraspelter Käse, maximal 30 Prozent Fett
- Schnittlauch, glatte Petersilie oder Oregano
- 2 Ciabattas
- Salz, Pfeffer

Überbackenes Ciabatta

Zubereitung

Den Kochschinken fein würfeln. Die Paprika waschen, putzen und ebenfalls in kleine Würfel schneiden. Die Zwiebeln fein hacken.

Alle Zutaten in einer Schale miteinander vermengen. Mit den Kräutern, Salz und Pfeffer würzen. Das Ciabatta der Länge nach aufschneiden und mit den Zutaten bestreichen. Im Ofen bei 180 °C (Umluft) circa 15 Minuten backen.

Wenn das Ei gestockt und der Käse schön zerlaufen ist, ist das Ciabatta fertig.

Tipp

Aus dem Teig lassen sich anstatt der Brötchen auch Brezeln oder Hörnchen formen. Sie können auch geraspelten Käse, Schinkenspeck oder Schinkenwürfel hinzufügen. Wer auf das Salz verzichten möchte, kann die Brötchen mit Mohn, Sesam oder Leinsamen bestreuen.

Laugenbrötchen

Zutaten

für 4 Portionen

- **300 g Weizenmehl, Type 550**
- **200 g Weizenmehl, Type 1050**
- **1 Päckchen Trockenhefe**
- **140 ml lauwarmes Wasser**
- **1 TL Zucker**
- **1 TL Salz**
- **25 g Butter**
- **100 g Natron**
- **2 EL grobes Salz**
- **Backpapier**

Zubereitung

Das Mehl in eine große Schüssel sieben und mit der Faust eine Mulde in die Mitte drücken. Hefe und Zucker in die Vertiefung geben. Auf den Rand die Butter und das Salz verteilen. Das lauwarme Wasser in die Mulde gießen. Die Zutaten mit den Händen oder den Knethaken des Rührgerätes zu einem Teig verarbeiten.

Den Teig in der Schale mit einem feuchten Küchentuch abdecken und an einem warmen Ort für circa 30 Minuten gehen lassen. Das Teigvolumen sollte sich nach der Zeit verdoppelt haben.

Den Backofen auf 180 °C (Ober- und Unterhitze) vorheizen. Den Teig auf eine leicht bemehlte Arbeitsplatte geben und noch einmal kräftig durchkneten. Dann in zwölf gleich große Stücke teilen und Brötchen formen.

In einem großen Topf etwa vier Liter Wasser aufkochen und das Natron einrühren. Die Brötchen nacheinander etwa eine Minute im Wasser sieden lassen, abtropfen und auf ein mit Backpapier ausgelegtes Blech geben. Mit dem groben Salz bestreuen und im Ofen für 20 Minuten backen.

ab 6 Monaten

Abgespeckte Frikadellen

Zubereitung

Die Zwiebel schälen und in sehr feine Würfel schneiden. Die Möhre schälen und fein reiben. Das Ei in eine Rührschüssel geben und die restlichen Zutaten dazugeben. Alles zu einer Masse verkneten, mit den Gewürzen kräftig abschmecken und gleich große Frikadellen daraus formen.

In einer beschichteten Pfanne mit wenig Öl und bei mittlerer Temperatur die Frikadellen braten und dabei mehrmals wenden.

Alternativ kann man die Frikadellen auch in einer Auflaufform oder auf einem mit Backpapier ausgelegten Backblech im Ofen bei 200 °C backen. So spart man Fett.

Zutaten

für 4 bis 6 Frikadellen

- 160 g Rinderhackfleisch
- 1 kleine Zwiebel
- 50 g Möhre
- 70 g Magerquark
- 2 EL grobe Getreideflocken, z. B. kernige Haferflocken
- 1 Ei
- Salz, Pfeffer
- Muskat
- etwas Öl für die Pfanne

Tipp

Die Frikadellen schmecken auch gut auf einem Mehrkornbrötchen mit Salat, Gurke, Tomate und Ketchup (siehe Seite 173).

Pizzabälle

Zutaten

für 20 Stück

Quarkmasse:

- 300 g Vollkornmehl
- 150 g Magerquark
- 6 EL Öl
- 8 EL Milch
- 1 TL Salz
- 1 Päckchen Backpulver

Weitere Zutaten:

- ½ Bund Frühlingszwiebeln
- 75 g Schinkenwürfel (Kochschinken, roher Schinken oder Putenbrust)
- 50 g Paprikawürfel oder Mais
- 75 g geriebener Käse

Zubereitung

Die Zutaten für die Quarkmasse in einer großen Schale verrühren. Die restlichen Zutaten waschen, putzen, sehr klein schneiden und unter die Quarkmasse kneten. Etwa tischtennisballgroße Kugeln formen und auf ein Blech geben. Im vorgeheizten Ofen bei 175 °C (Ober- und Unterhitze) für circa 20 Minuten backen, bis der Käse zerlaufen ist und die Kugeln eine schöne Bräune bekommen haben.

Tipp

Die gefüllte Tortilla ist nicht nur als Pausenbrot, sondern auch für den Kindergeburtstag geeignet. Die Fladen können nach Belieben gefüllt werden: Maiskörner, Thunfisch, warme Putenstreifen, Tomaten, Paprikastreifen, Bohnen, Hackfleisch, Reis … Zum Bestreichen der Tortillas können Sie auch saure Sahne, Senf, Tomatenmark oder Ketchup verwenden. Werden die Tortillas frisch belegt und gleich verzehrt, wärmen Sie sie vor dem Füllen im Backofen auf, dann sind die Fladen schön knusprig.

Zutaten

für 4 Portionen

- **4 Tortillas (Weizenfladen)**
- **4 TL Frischkäse**
- **1 Salatgurke**
- **Blätter Salat, z. B. Eisbergsalat**
- **1 Möhre**
- **4 Scheiben Kochschinken**
- **60 g Schnittkäse, z. B. Gouda**

Gefüllte Tortilla

Zubereitung

Die Gurke und die Möhre waschen und schälen. Aus dem Gemüse lange, schmale Streifen schneiden. Von dem Salat einige große Blätter abzupfen und waschen.

Den Kochschinken in feine Streifen schneiden. Den Käse grob raspeln.

Die Tortillas dünn mit Frischkäse bestreichen und darauf die Salatblätter legen. Nun den Schinken und die Gemüsestreifen auf den Tortillas verteilen und zum Schluss den Käse darüberstreuen.

Jede Tortilla auf zwei gegenüberliegenden Seiten etwa einen Zentimeter umklappen. Nun die Tortilla fest aufrollen. In der Mitte mit einem scharfen Messer zerteilen und die Hälften gut in Frischhaltefolie wickeln.

Ketchup

Zubereitung

Den Apfel waschen und in kleine Stücke schneiden. Die Zwiebel schälen und fein würfeln. Beide Zutaten in wenig Wasser weich kochen. Anschließend das Tomatenmark unterrühren.
Mit den Gewürzen und dem Honig abschmecken und mit dem Mixstab pürieren. Im Kühlschrank aufbewahrt hält sich der Ketchup einige Tage.

Zutaten

für eine kleine Flasche

- **1 kleiner Apfel**
- **1 Zwiebel**
- **200 g Tomatenmark**
- **Salz**
- **Curry**
- **Zimt**
- **Honig**

Blechkartoffeln

Zutaten

für 4 Portionen

- 500 g festkochende kleinere Kartoffeln (als Hauptgericht 1 kg)
- 1–2 EL Olivenöl
- 1–2 Knoblauchzehen
- Salz, Pfeffer
- Thymian- oder Rosmarinzweige
- Alufolie oder Backpapier

Zubereitung

Ein Backblech mit Alufolie oder Backpapier auslegen und mit dem Öl dünn bepinseln. Den Backofen auf 180 bis 200 °C (Umluft) vorheizen.

Die Knoblauchzehen schälen und fein hacken. Kräuterzweige abspülen, trocken schütteln und die Blätter abzupfen. Etwas Salz, Pfeffer, den Knoblauch und die Kräuter auf der Folie verteilen.

Die Kartoffeln gründlich waschen, längs durchschneiden und mit der Schnittfläche auf die Folie legen – anschließend auf mittlerer Schiene circa 50 Minuten backen.

Tipp

Wenn Sie Sesam, Parmesan oder eine Mischung aus beidem auf die Folie streuen, bekommen Ihre Kartoffeln eine schöne nussige Note.
Die Kartoffeln können Sie auch wie bei der hier gezeigten Zubereitung in Spalten schneiden und mit den Zutaten in einer Schale vermengen. Dann auf einem mit Backpapier ausgelegten Blech verteilen und im Ofen backen.

Tipp

Sie können die Kartoffelscheiben auch mit anderen Gewürzen oder Kräutern, z. B. Thymian oder Chilipulver, marinieren. Zu den Chips passen Ketchup (siehe Seite 173) und ein Kräuterdip.

Zutaten

für 4 Portionen

- **500 g Kartoffeln, festkochend**
- **3 EL Rapsöl**
- **Salz**
- **Paprikapulver**
- **Backpapier**

Kartoffelchips

Zubereitung

Den Backofen auf 200 °C (Ober- und Unterhitze) vorheizen. Die Kartoffeln waschen, schälen und abtrocknen. Mit einem Hobel oder dem Messer sehr feine Scheiben schneiden und diese mit Küchenkrepp abtupfen.

In einem Schälchen Öl und Gewürze verrühren. Mit einem Backpinsel die Kartoffelscheiben beidseitig dünn einpinseln. Auf ein Blech mit Backpapier geben und im Ofen für circa 15 Minuten backen, bis die Scheiben schön kross sind.

Traubentoast

Zubereitung

Den Backofen auf 180 °C vorheizen (Ober- und Unterhitze). Die Weintrauben waschen, abtropfen lassen und von den Stielen zupfen. Die Früchte anschließend halbieren.
Das Brot toasten, etwas abkühlen lassen, dünn mit Butter bestreichen und auf ein mit Backpapier ausgelegtes Backblech legen.
Den Toast mit je einer Scheibe Schinken belegen, darauf die Trauben legen und mit zwei Scheiben Käse bedecken.
Im vorgeheizten Ofen backen, bis der Käse zerlaufen ist.
Auf Desserttellern anrichten und mit einem Teelöffel Preiselbeerkompott garnieren. Eventuell eine Weintraube fächerartig aufschneiden und ebenfalls als Garnitur verwenden.

Zutaten

für 4 Portionen

- **200 g kernlose helle Trauben**
- **4 Scheiben Vollkorntoast**
- **20 g Butter**
- **4 Scheiben gekochter Schinken oder geräucherte Putenbrust**
- **8 Scheiben würziger Käse, fettarm (30 Prozent Fett)**
- **4 TL Preiselbeerkompott**
- **Backpapier**

Tipp

An heißen Tagen eignet sich der Toast auch als Hauptgericht, wenn Sie ihn mit einem Salat oder einer Quarkspeise ergänzen.

Zutaten

für 5 Portionen

- 300 g Erdbeeren, frisch oder tiefgefroren
- 300 ml Milch
- 400 ml Orangensaft
- 200 ml Maracuja-nektar
- Honig nach Geschmack
- Orange zum Garnieren

Strawberry Exotic

Zubereitung

Die Säfte zusammen mit der Milch und den gewaschenen und geputzten Erdbeeren in einen Mixer geben und gegebenenfalls mit Honig süßen. Mit einem Stabmixer gut verrühren. Den Cocktail in einem hohen Glas servieren und mit Erdbeeren oder Orangenscheiben garnieren.

Zutaten

für 5 Portionen

- 1 Stange Sellerie
- 1 Pastinake
- 3 Möhren
- 2 rote Paprika
- 400 ml Tomatensaft
- 2 EL Zitronensaft
- 5–10 g frischer Ingwer
- Salz, Pfeffer

Veggie-Mix

Zubereitung

Die Möhren und die Pastinake schälen und in kleine Würfel schneiden. Sellerie waschen und klein schneiden. Die Paprika waschen, putzen und ebenfalls klein schneiden. Den frischen Ingwer schälen und klein hacken.

Die Gemüsestücke und den Tomatensaft zusammen mit dem Stabmixer pürieren und mit Zitronensaft, Salz und Pfeffer abschmecken. In einem hohen Glas servieren und mit etwas Sellerie garnieren.

Melone-Gurke-Smoothie

Zubereitung

Die Gurke schälen und in kleine Würfel schneiden. Die Melonenhälfte entkernen, das Fruchtfleisch aus der Schale lösen und klein schneiden.

Die Gurken- und Melonenstücke mit dem Stabmixer zusammen mit der Buttermilch und dem Limettensaft pürieren, bis eine cremige Konsistenz erreicht ist. Den Smoothie mit Salz und Pfeffer abschmecken, gegebenenfalls mit etwas Thymian verfeinern und in einem Glas servieren. Das Glas kann mit einer Gurken- und Limettenscheibe und etwas frischem Thymian dekoriert werden.

Zutaten

für 5 Portionen

- 500 g Salatgurke
- ½ Honigmelone
- 400 ml Buttermilch
- 4 EL Limettensaft
- Salz, Pfeffer
- Thymian
- Limette zum Garnieren

Zutaten

für 5 Portionen

- 400 ml Ananassaft
- 100 ml Milch
- 100 ml Kokosmilch
- 100 ml Limettensaft
- 300 g Banane
- Eiswürfel nach Belieben

Caribbean Sunny

Zubereitung

Die Bananen schälen und klein schneiden. Mit den Säften, der Milch und der Kokosmilch in einen Mixer geben oder mit einem Stabmixer gut verrühren. Den fertigen Saft in hohe Gläser gießen, gegebenenfalls mit Eis auffüllen und mit Limettenscheiben und/oder Ananasscheiben garnieren.

Bananenmilch

Zutaten

für 8 Portionen

- 3 große Bananen
- 1,5 l fettarme Milch
- 1 TL Vanillezucker
- Honig nach Geschmack

Tipp

Wenn Sie die Milch nicht sofort servieren wollen, sollten Sie etwas Orangensaft dazugeben, dann wird die Milch nicht so braun. Sie können die Bananen auch gegen anderes Obst austauschen oder beispielsweise mit Erdbeeren ergänzen.

Zubereitung

Die Bananen schälen, in dicke Scheiben schneiden und in ein hohes Gefäß geben. Die Milch dazugießen, den Zucker hinzugeben und eventuell etwas Honig zum Süßen hinzufügen. Mit dem Stabmixer pürieren.

H-Milch

UNIVERSITY

Süßes wohldosiert

Nach einem gesunden Hauptgang kann auch gelegentlich ein süßer Nachtisch angeboten werden. Daran soll sich niemand mehr satt essen, aber wenn die Kinder gut und ausgewogen gegessen haben, ist gegen einen kleinen süßen Abschluss nichts einzuwenden. Und wie süß die Desserts wirklich werden, können Sie schließlich selbst bestimmen.

Gelegentlich darf es zum Mittag ruhig auch eine süße Hauptmahlzeit geben – möglichst nicht mehr als einmal in der Woche. Mit Rohkost oder einem kleinen Salat können Sie die Mahlzeit noch etwas aufwerten.

Apfelpfannkuchen

Zutaten

für 4 Portionen

- 3 Eier
- 200 g Weizen- oder Dinkelvollkornmehl
- 500 ml Buttermilch
- 50 g gemahlene Mandeln oder Haselnüsse
- 3 kleine Äpfel
- 1–2 EL Mineralwasser
- 4 TL Pflanzenöl
- 4 TL Ahornsirup
- 1 Prise Salz
- Zimt

Tipp

Entfernen Sie das Kerngehäuse der Äpfel und schneiden Sie die Früchte in dünne Scheiben. Legen Sie die Ringe dicht an dicht in die Pfanne und gießen Sie den Teig darüber. Statt der Äpfel können Sie auch Beerenobst oder Birnen verwenden.

Zubereitung

Die Eier in eine Rührschüssel geben. Nach und nach das Mehl und die Buttermilch mit einem Rührgerät unter die Eier mischen. Zum Schluss die gemahlenen Mandeln oder Nüsse und das Salz hinzufügen. Die Äpfel waschen, vom Kerngehäuse befreien und in den Teig raspeln. Das Mineralwasser hinzufügen und noch einmal gründlich mit einem Kochlöffel verrühren.

Einen Teelöffel Pflanzenöl in einer beschichteten Pfanne erhitzen. Ein Viertel des Teiges in die Pfanne geben und den Pfannkuchen bei schwacher Hitze drei bis vier Minuten backen. Wenn die Seiten leicht gebräunt sind, den Pfannkuchen wenden und von der anderen Seite ebenfalls goldgelb braten.

Den fertigen Pfannkuchen auf einen Teller legen und mit einem Teelöffel Sirup bestreichen. Nach Geschmack etwas Zimtpulver darüberstäuben. Den Teller in einen Backofen geben und den Pfannkuchen bei circa 75 °C (Ober- und Unterhitze) warm halten.

Den restlichen Teig ebenfalls so verarbeiten. Wenn alle Pfannkuchen fertig sind, sollten sie sofort serviert werden.

Tipp

Sie können das abgetropfte Obst auch direkt unter die Auflaufmasse geben und mitbacken. Auch Kirschen passen gut zu diesem Rezept.

Zutaten

für 4 Portionen

- **300 g alte Brötchen**
- **½ l Milch**
- **80 g Butter**
- **2–4 Eier**
- **2 EL Zucker-Zimt-Mischung**
- **1 Dose Pfirsichhälften**

Semmelauflauf

Zubereitung

Den Backofen auf 200 °C (Ober- und Unterhitze) vorheizen. Die Brötchen in kleine Würfel schneiden und in der Milch einweichen. Die Eier trennen, das Eiweiß mit etwas Salz steif schlagen. Eigelb, Zucker und Butter schaumig rühren.

Die eingeweichten Brötchen mit der Eigelbmasse verrühren. Mit einem Schneebesen das Eiweiß unterheben. Die Masse in eine gefettete Auflaufform füllen und mit Zimt und Zucker bestreuen.

Im Ofen für circa 50 Minuten backen. Mit den Pfirsichhälften servieren.

Milchreis

Zubereitung

Die Zutaten in einen Topf geben und aufkochen lassen. Die Temperatur stark reduzieren, den Topf verschließen und den Reis circa 30 Minuten quellen lassen. Dabei häufig umrühren. Mit Zimt und Zucker servieren.

Zutaten

für 4 Portionen

- **1 l Milch**
- **1 Päckchen Vanillezucker**
- **250 g Rundkornreis**
- **1 Prise Salz**
- **Zimt und Zucker**

Tipp

Anstatt des Vanillezuckers können Sie auch etwas Zitronenschale und Zitronensaft unter den Reis geben. Zum Milchreis passt frisches Kompott oder Beerenobst.

Fruchtquark

Zutaten

für 4 bis 6 Portionen

- 300 g Obst der Saison
- 500 g Magerquark
- 300 g Joghurt
- etwas Mineralwasser
- Zitrone und Honig nach Geschmack

Zubereitung

Das Obst gründlich waschen und in mundgerechte Stücke schneiden.

Den Quark und den Joghurt in eine große Schüssel geben. Mit einem Schneebesen gut verrühren. Sollte der Quark noch sehr fest sein, etwas Mineralwasser unterrühren. Das Obst vorsichtig mit einem großen Löffel unter den Quark mengen. Nach Belieben mit etwas Honig oder Zitronensaft abschmecken.

ab 6 Monaten

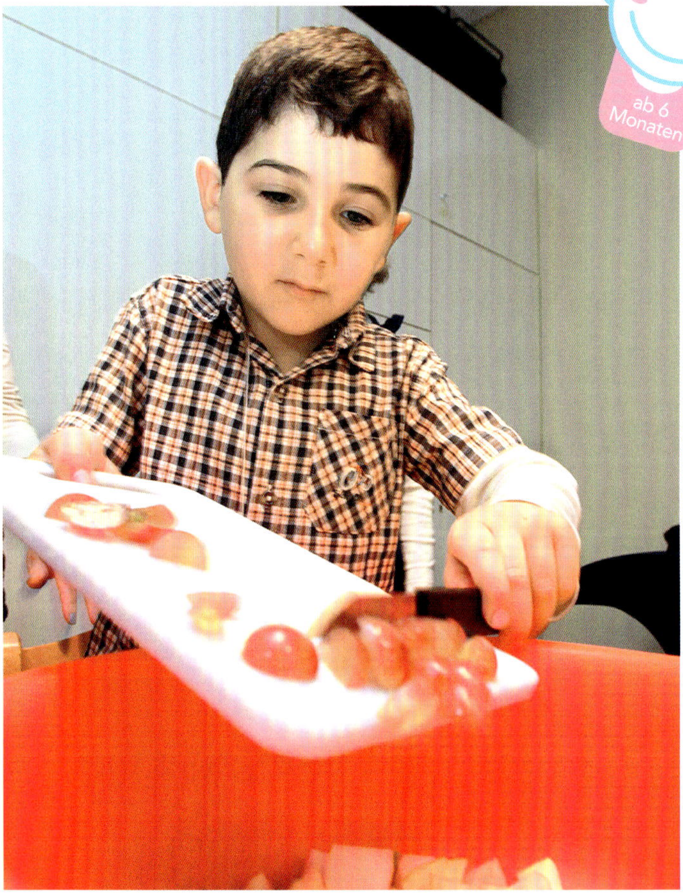

Weintraubenbecher

Tipp

Probieren Sie statt der Trauben auch einmal Erdbeeren oder Blaubeeren in diesem Dessert.

Zutaten

für 8 Portionen

- **500 g kernlose Trauben**
- **500 g Magerquark**
- **6–8 EL Haferflocken**
- **2–3 EL Zucker**
- **1 EL Butter**
- **1 kleine Tasse fettarme Milch**
- **1 Päckchen Vanillezucker**
- **etwas Mineralwasser**

Zubereitung

Butter in einer Pfanne zerlassen und darin die Haferflocken unter ständigem Rühren goldgelb rösten. Die Hälfte des Zuckers dazugeben und so lange vorsichtig weiterrösten, bis der Zucker flüssig geworden ist. Die Masse auf einen Porzellanteller geben und abkühlen lassen.

Die Weintrauben waschen und abtupfen. Dann die Trauben von den Stielen zupfen und halbieren. Den Quark in eine Rührschüssel geben und mit der Milch und dem Mineralwasser glatt rühren. Den restlichen Zucker und den Vanillezucker dazugeben und gut verrühren.

Damit die gerösteten Haferflocken nicht weich werden, erst kurz vor dem Servieren je eine Schicht Weintrauben, eine Schicht Quark und eine Schicht Röstflocken in eine Schüssel oder in Portionsgläser füllen.

Buttermilch-Kaltschale

Zubereitung

Die Himbeeren verlesen, den größeren Teil pürieren und eventuell durch ein Sieb streichen, um die Kerne zu entfernen. Die Zitrone auspressen.

Alle Zutaten in eine Schale geben und gut miteinander verrühren. Die Schale in den Kühlschrank stellen und für einige Stunden gut durchkühlen lassen. Vor dem Servieren mit den restlichen Himbeeren und der Zitronenmelisse garnieren.

Zutaten

für 4 Portionen

- 300 g Himbeeren
- 100 g Himbeeren zum Garnieren
- 150 g Naturjoghurt
- 500 ml Buttermilch
- 30 g Zucker
- 15 g Weizenkleie
- 1 Zitrone
- Zitronenmelisse zum Garnieren

Das schmeckt!

Zucchinikuchen

Zutaten

für ein Backblech

- 3 Eier
- 250 ml Speiseöl
- 150 g geriebene Haselnüsse (Mandeln oder Walnüsse)
- 300 g Rohrzucker
- 1 Päckchen Vanillezucker
- 1 TL Zimt
- 500 g geraspelte Zucchini
- 375 g Mehl
- 1 Tüte Backpulver
- 1 gestrichener TL Natron

Glasur:

- 100 g Johannisbeergelee oder ein anderes säuerliches Gelee
- 150 g dunkle Kuchenglasur oder Kuvertüre

Zubereitung

Eier, Öl, Zucker, Vanillezucker, Zimt und Haselnüsse in einer Schüssel mit dem Löffel verrühren.

Die Zucchini waschen, raspeln und zur Eiermischung geben. Das gesiebte Mehl mit Backpulver und Natron unterrühren.

Den Backofen auf 165 °C (Umluft) vorheizen. Den Teig auf ein gefettetes Blech streichen und auf der mittleren Schiene 50 bis 60 Minuten backen.

Den Kuchen etwas abkühlen lassen und dann mit dem Gelee bestreichen. Die Schokoladenglasur bei milder Hitze im Wasserbad schmelzen und dünn auf dem Gelee verteilen. Den Kuchen auskühlen lassen und servieren.

Zutaten

für 8 kleine Eisförmchen

- 300 g Erdbeeren oder anderes Beerenobst
- 1 unbehandelte Orange oder 150 ml Orangensaft
- 1 EL flüssiger Honig
- 2 EL Schmand

Tipp

Verwenden Sie sehr reifes Obst, dann schmeckt das Eis schön süß.

Eis am Stiel mit Früchten

Zubereitung

Die Erdbeeren gründlich waschen und den Stielansatz entfernen. Anschließend die Früchte halbieren. Die Orange auspressen.

Alle Zutaten in eine Schale geben und mit dem Stabmixer pürieren. Anschließend in die Eisförmchen füllen und für mindestens sechs Stunden im Eisfach gefrieren lassen.

Bratäpfel

Zubereitung

Die Äpfel gründlich waschen und mit einem Tuch trocken reiben. Das Kerngehäuse großzügig mit einem Ausstecher entfernen. Die Rosinen in etwas Wasser einweichen. Das Trockenobst in feine Stücke schneiden, mit den abgetropften Rosinen und den gehackten Mandeln vermischen. Alles in das Loch des Apfels drücken, das durch das Entfernen des Kerngehäuses entstanden ist.

Die Äpfel in eine gefettete und feuerfeste Form geben, die in ein Wasserbad gestellt wird. Anschließend bei 160 °C (Ober- und Unterhitze) für circa 40 Minuten im Ofen garen.

Tipp

Probieren Sie als Füllung doch auch einmal Dominosteine: je Apfel zwei Dominosteine in das Loch drücken. Zu beiden Bratapfelvarianten passt Vanillesoße.

Zutaten

für 12 Portionen

- **12 mittelgroße Äpfel, möglichst die Sorte Boskop**
- **25 g getrocknete Früchte, z. B. Pflaumen oder Aprikosen**
- **150 g Rosinen**
- **50 g gehackte Mandeln oder Nüsse**

ROCKY
MOUNTAINS

Die Mischung macht's

Wenn Kinder Feste feiern, sind das aufregende Tage. Natürlich soll es auch etwas Besonderes zu essen geben, und es hat keinen Sinn, an einem solchen Tag mit dem erhobenen Zeigefinger darauf zu bestehen, dass es nur Gesundes geben darf.

Versuchen Sie trotzdem, auch gesunde Speisen anzubieten, die bei Jung und Alt gleichermaßen gut ankommen werden. Welches Kind kann schon einem Fruchtspieß-Igel widerstehen, und wer wird nicht gern an seine Jugend erinnert, während er einen „Fliegenpilz" oder ein „Mäuschen" vernascht?

Auch hier gilt: Die Mischung macht's, und „Klasse geht vor Masse". Gerade bei einem Fest kann sich ein Büfett anbieten, auf dem sich neben den typischen ungesunden „Dickmachern" viele gesunde Speisen finden.

Planen Sie die Speisen für den Kindergeburtstag gemeinsam mit Ihrem Kind. Und Sie können die kleinen Gäste auch aktiv ihr Abendbrot gestalten lassen. Sie machen den Pizzateig, und die Kinder belegen ihr Stück Pizza nach Belieben: Wer macht das lustigste Pizzagesicht?

Ein bisschen müssen die Erwachsenen aber doch noch aufpassen, denn in der Aufregung und dem Durcheinander, die bei Festen schnell einmal entstehen, essen Kinder manchmal zu hektisch und zu viel. Deshalb sollten Sie die Essenszeiten begrenzen. Hat jedes Kind sein Stück Kuchen gegessen, decken Sie den Tisch ab. Lassen Sie nur Gläser und Getränke stehen, denn Trinken sollte jedes Kind können, wenn es durstig ist. Bevorzugen Sie dabei gesunde Durstlöscher wie Wasser oder Saftschorlen. Geben Sie bei Spielen als Gewinn lieber keine Süßigkeiten aus sondern andere Kleinigkeiten wie Stifte, Radiergummis, Sticker, Perlen usw.

Zutaten

für 12 Stück

- 250 g Weizenmehl, Type 1050
- 2 TL Backpulver
- ½ TL Natron
- 1 TL Gewürze nach Belieben, z. B. Vanille und Zimt
- 60 g Zutaten nach Belieben, z. B. gehackte Nüsse oder Mandeln, Rosinen, Trockenobst oder Schokotropfen
- 250 g frisches Obst
- 1 Ei
- 140 g brauner Zucker
- 80 ml Rapsöl
- 280 ml Buttermilch, Milch, Joghurt oder saure Sahne
- Papierförmchen für das Muffinblech

Obstmuffins

Zubereitung

Zuerst den Backofen auf 180 °C (Umluft) vorheizen. Papierförmchen in ein Muffinblech geben. Mehl, Natron und das Backpulver in einer Schale vermengen. Die Gewürze und die Nüsse oder die anderen Zutaten untermischen.
In einer zweiten Schüssel das Ei leicht verquirlen und dann Zucker, Öl und das Milchprodukt untermischen.
Das frische Obst waschen, putzen, klein schneiden und vorsichtig zur Eimischung geben. Anschließend langsam die Mehlmischung unterrühren.
Die Förmchen bis zur Hälfte mit Teig füllen und für circa 20 bis 25 Minuten im Ofen backen.

Tipp

Das Rezept ist ein Grundrezept, die Zutaten können Sie vielfältig kombinieren. Probieren Sie doch einmal Banane, Mandeln und Schokolade oder Blaubeeren und Nüsse zu Ihren Muffins.

Zutaten

für 8 Portionen

- 1 Kopfsalat
- ½ Eisbergsalat
- 1 Salatgurke
- 1 Bund Radieschen
- 4 Tomaten
- 2 Karotten
- 1 kleine Dose Mais
- 100g Kochschinken oder Putenbrust
- 1 kleine Dose Kidneybohnen
- 4 Eier
- 100g Schafskäse
- 100g Gouda
- 100g Mozzarellakugeln

Salatparty

Zubereitung

Vom Kopfsalat die äußeren Blätter entfernen. Die restlichen Blätter vom Strunk lösen und in mundgerechte Stücke zerteilen. Den Salat gründlich waschen und trocken schleudern, anschließend in eine Schüssel geben und abdecken.

Den Eisbergsalat mit einem scharfen Messer in der Mitte teilen. Die eine Hälfte beiseitelegen. Von der anderen Hälfte die äußeren Blätter entfernen. Den Strunk großzügig mit einem Messer herausschneiden. Die Blätter in mundgerechte Stücke zerteilen und gründlich waschen. Ebenfalls trocken schleudern und in einer abgedeckten Schüssel zur Seite stellen.

Die Salatgurke waschen, eventuell schälen, halbieren und in Scheiben schneiden. Die Radieschen waschen, vom Grün befreien und in Scheiben schneiden. Die Tomaten waschen, vom Stielansatz befreien und achteln. Die Karotten waschen, schälen, in feine Würfel schneiden oder grob raspeln. Den Mais und die Kidneybohnen abtropfen lassen und gut abspülen.

Die Eier hart kochen und fein würfeln. Das klappt gut mit einem Eiteiler. Den Kochschinken oder die Putenbrust in Stifte schneiden. Den Schafskäse in Würfel schneiden, den Gouda grob raspeln und die Mozzarellakugeln abtropfen lassen. Die verschiedenen vorbereiteten Zutaten in kleine Schüsseln geben, alles bis zum Anrichten kühl stellen. Bereiten Sie zum Salat zwei oder drei verschiedene Dressings vor.

Viele Kinder finden nicht so gern ein buntes Mischmasch auf ihren Tellern vor. Dürfen sie aber selbst mischen, haben sie eine Menge Spaß und einen guten Appetit.

Salatsoßen

Zubereitung

Klassische Vinaigrette

Geben Sie alle Zutaten in einen Schüttelbecher, den Sie gut verschließen, und mischen Sie alles kräftig durch. Das Dressing hält sich gut verschlossen für mehrere Tage im Kühlschrank.
Die klassische Vinaigrette lässt sich gut variieren, indem Sie das Wasser oder den Essig durch Saft ersetzen. Sie können auch einen anderen Essig, wie etwa Himbeeressig, oder ein anderes Öl, beispielsweise Walnuss- oder Olivenöl, wählen oder frische gehackte Kräuter untermengen.

Joghurtdressing

Den Joghurt mit dem Senf und dem Öl verrühren. Den Schnittlauch waschen und mit einer Schere in feine Röllchen schneiden, die Zwiebel fein würfeln und beides untermengen. Mit Salz und Pfeffer abschmecken.

Zutaten

Klassische Vinaigrette für 4 Portionen

- 4 bis 5 EL Rapsöl
- 2 EL Kräuter- oder Obstessig
- 3 EL Wasser
- 1 TL Senf
- 1 TL Salz
- 1 Prise Zucker
- frisch gemahlener Pfeffer

Joghurtdressing für 4 Portionen

- 150 g fettarmer Joghurt
- 1 TL milder Senf oder Tomatenmark
- 2 EL Rapsöl
- 1 Bund Schnittlauch
- 1 kleine Zwiebel
- Salz, Pfeffer

Suppe nach Pizza-Art

Tipp

Kidneybohnen und Hackbällchen passen auch gut in die Suppe.

Zutaten

für 4 Portionen

- 1 große Dose geschälte Tomaten, 800 g
- 1 Dose Mais, 400 g
- 1 Stange Lauch
- 1 Paprika
- 200 g geschnittene Champignons aus der Dose
- 250–400 ml Gemüsebrühe
- 100 g Kräuterfrisch-käse
- Oregano, Basilikum oder Thymian
- Salz, Pfeffer

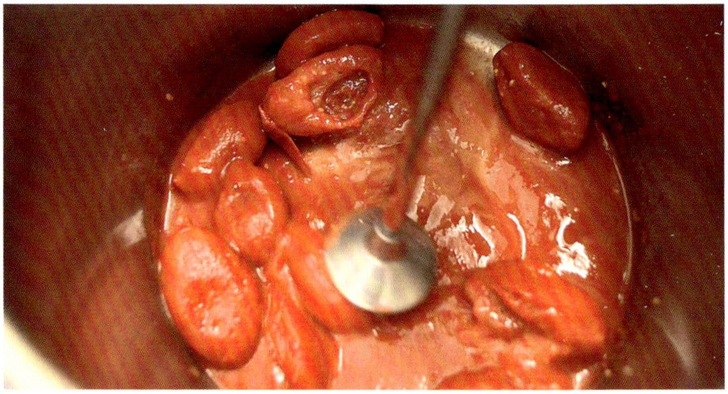

Zubereitung

Die Tomaten mit der Flüssigkeit aus der Dose in einen Topf geben und pürieren, anschließend eventuell durch ein Sieb streichen.
Die Paprika halbieren, putzen und in kleine Würfel schneiden. Den Lauch putzen, halbieren und in feine Ringe schneiden. Beides zu den Tomaten geben.
Das Gemüse für circa 15 Minuten köcheln lassen, mit der Brühe aufgießen, die Pilze und den Mais dazugeben und die Suppe kurz aufkochen lassen.
Den Käse mit etwas Suppe glatt rühren, unter die restliche Suppe mengen und mit Kräutern und Gewürzen kräftig abschmecken. Die Suppe darf nicht mehr kochen. Mit den Kräutern bestreuen und servieren.

Zutaten

für 8 Stück

- 4 kleine Tomaten
- 8 hart gekochte Eier
- Frischkäse ohne Kräuter

Tomaten-Fliegenpilze

Zubereitung

Die Tomaten waschen, trocken reiben, aushöhlen und halbieren.

Die flache Seite der hart gekochten Eier etwas abschneiden, damit die Eier nicht umkippen. Jeweils eine Tomatenhälfte auf ein Ei setzen und mit kleinen Frischkäsepunkten verzieren.

Marienkäfer

Zubereitung

Die Tomaten waschen und trocken reiben. Von den Tomaten das obere Viertel als Deckel abschneiden, die Tomaten aushöhlen und den Deckel halbieren.
Die Kräuter waschen und fein hacken. Den Quark mit Mineralwasser cremig rühren und mit den gehackten Kräutern, Salz und Pfeffer abschmecken.
Die Quarkmasse in die Tomaten füllen, die halbierten Deckel als Flügel daraufsetzen und die Schnittlauchhalme als Fühler auf den vorderen Teil der Tomate setzen. Mit dem Frischkäse kleine Punkte auf die Flügel tupfen.

Zutaten

für 8 Stück

- 8 mittelgroße Tomaten
- 250g Magerquark
- 3–4EL frische Kräuter
- Mineralwasser
- Salz, Pfeffer
- Frischkäse ohne Kräuter
- 16 Schnittlauchhalme

Obstspieße mit Joghurtdip

Zutaten

für 4 Portionen

- verschiedene Obstsorten der Saison
- bunte Plastik- oder Holzspieße
- 125 g fettarmer Joghurt
- 1–2 TL Honig
- Zimt
- 2 EL Fruchtfleisch von möglichst saftigen Obstsorten
- frisch gepresster Zitronensaft
- gehackte Nüsse, Sesam, Sonnenblumenkerne, Leinsamen, Haferflocken, Mohn nach Geschmack

Zubereitung

Das Obst gründlich waschen und in mundgerechte Stücke schneiden. Die verschiedenen Obstsorten in Schälchen verteilen.

Das Obst auf die Spieße stecken. Wenn die Spieße erst noch einige Zeit stehen bleiben, sollte man sie kurz in etwas Zitronenwasser eintauchen, damit das Obst nicht braun wird.

Den Joghurt mit dem Fruchtfleisch, Honig und Zimt vermischen und in einem Schälchen zu den Spießen stellen.

Die Spieße erst in den Joghurtdip tauchen und anschließend in die Nüsse oder Samen.

Tipp

Wenn Sie eine Melone verwenden, können Sie eine Hälfte aushöhlen und das Fruchtfleisch mit für die Spieße verarbeiten. Die Obstspieße stecken Sie dann von außen in die Melone. So entsteht ein lustiger Obstigel – auch gut geeignet für Kindergeburtstage.

Zutaten

für 8 bis 10 Portionen

- 200 g Vollkornmehl
- 200 g helles Mehl, Type 550
- ½ TL Salz
- 2 TL Backpulver
- 50 g Margarine
- 175 ml Milch
- 1 EL Kräuter, z. B. Rosmarin, Thymian oder Schnittlauch

Stockbrot

Zubereitung

Das Mehl mit Salz, Backpulver und den Kräutern verrühren. Danach Milch und Margarine dazugeben und so lange kneten, bis ein geschmeidiger Teig entstanden ist. Den Teig einige Minuten an einen warmen Ort stellen, dann in kleine Stücke schneiden.

Die Teigstücke zu etwa 20 Zentimeter langen Rollen formen und spiralförmig um einen Stock wickeln. Das Stockbrot etwa fünf Minuten am Lagerfeuer rösten, bis der Teig hellbraun ist. Vorsicht: Vor dem Essen etwas abkühlen lassen!

Radieschenmäuse

Zubereitung

Die Radieschen waschen und trocken reiben. Der Ansatz des Blattes wird als Mund genommen, die Wurzel als Schwanz.
Das Radieschen an beiden Seiten flach einschneiden und in die Schlitze zwei dünne Radieschenscheiben stecken. Als Augen die Nelken in das Radieschen stecken, diese aber bitte nicht essen.

Zutaten

für 8 bis 12 Stück

- 1 Bund Radieschen
- Nelken

Zutaten

für 20 Stück

- 200 g Vollkornmehl
- 5 Eier
- 75 g Butter oder ungehärtete Margarine
- 50 g Honig
- je 50 g gehackte Mandeln, Sesam, Leinsamen und Sonnenblumenkerne
- 100 g Haferflocken
- 250 ml Milch
- 125 ml Mineralwasser
- 1 Prise Vanillepulver
- ½ TL Zimt
- Puderzucker

Vollkorn-Knusperwaffeln

Zubereitung

Alle Zutaten in einer Rührschüssel zu einem geschmeidigen Teig vermengen. Den Teig portionsweise in einem vorgeheizten und leicht gefetteten Waffeleisen backen. Die Waffeln schmecken am besten, wenn sie noch warm und mit Puderzucker bestreut serviert werden.

Gurkenschlange

Zubereitung

Die Salatgurke waschen, trocken reiben, an einer Seite einen circa drei Millimeter dicken Streifen abschneiden und die Gurke auf die flache Seite drehen. So kann sie nicht umkippen. Für den Kopf an der spitzeren Seite circa zehn Zentimeter stehen lassen. Die restliche Gurke in ein bis zwei Zentimeter dicke Scheiben schneiden und diese aufrecht nebeneinanderstellen, sodass sich eine Schlangenform ergibt.
Die Tomaten waschen, putzen und in Scheiben schneiden.
Die Käsescheiben in Größe der Gurkenstücke schneiden. Die Tomaten und den Käse in unregelmäßigen Abständen zwischen die Gurkenscheiben stecken.
Für das Maul den Schlangenkopf einschneiden. Die Paprika zu einer Zunge schnitzen und in das „Schlangenmaul" stecken. Als Augen dienen zwei Scheiben der Olive.
Die Schlange in leichten Kurven auf einer Platte anrichten.

Zutaten

für 1 Schlange

- **1 Salatgurke**
- **2 Tomaten**
- **150 g Käse in Scheiben, z. B. Gouda oder Mozzarella**
- **¼ rote Paprika**
- **1 mit Paprika gefüllte Olive**

Tipp

Vanillezucker lässt sich leicht selber herstellen, indem Sie eine ausgekratzte Vanilleschote mit dem Vanillemark in ein Gefäß mit normalem Zucker geben. Nach etwa zwei Wochen können Sie den Zucker als Vanillezucker verwenden.

Zutaten

für 20 bis 30 Stück

- 200g Butter
- 2 Eigelbe
- 100g Zucker oder Puderzucker
- 1 Prise Salz
- 5 Päckchen Vanillezucker
- 50g gemahlene Mandeln
- 50g gemahlene Haselnüsse
- 150g Vollkornmehl
- 150g Dinkelmehl oder Weizenmehl, Type 550
- Backpapier
- zum Wälzen: ½ Tasse Puderzucker und 1 Päckchen Vanillezucker

Vanillehörnchen

Zubereitung

Alle Zutaten gut zu einem Mürbeteig vermischen und den Teig für 30 Minuten in den Kühlschrank stellen. Den Backofen auf 175 °C (Umluft) vorheizen.
Nach der Ruhezeit den Teig auf einer bemehlten Arbeitsfläche zu fingerdicken Rollen formen und circa fünf Zentimeter lange Stücke abschneiden. Aus den Stücken kleine Hörnchen formen und auf ein mit Backpapier ausgelegtes Backblech legen.
Im Ofen etwa 10 bis 15 Minuten goldgelb backen.
Die noch warmen Hörnchen vorsichtig in der Puderzucker-Vanillezucker-Mischung wenden.

Limetten-Minz-Tee mit Ingwer

Zubereitung

Den Ingwer schälen und in Scheiben schneiden. Die Limetten in kleine Würfel schneiden. Die Minze waschen und die Blätter von den Stängeln zupfen.
Das Wasser zum Kochen bringen und den Honig sowie die Ingwerscheiben dazugeben. Nach drei bis vier Minuten die Ingwerscheiben herausnehmen.
Die Limettenstücke und die Minze zum Tee geben, kräftig mit dem Schneebesen verrühren und weitere fünf bis acht Minuten ziehen lassen.
Dieser Tee schmeckt heiß und kalt sehr gut.

Zutaten

für 4 Portionen

- 1 l Wasser
- 4 EL Honig oder Rohrzucker
- 50 g frischer Ingwer
- 2 Limetten, möglichst bio
- ½ Bund Minze

Kinderpunsch

Zutaten

für 10 Portionen

- 1,5 l Apfel- oder milder Früchtetee
- Saft von 2 Orangen
- 2 Äpfel
- 100 g kernlose Weintrauben
- 500 ml Apfelsaft
- Honig nach Geschmack

Tipp

Verwenden Sie unbehandelte Zitronen und Orangen, dann können Sie die Schale der Früchte vorsichtig abreiben und mit zum Punsch geben. Dadurch verstärkt sich das Aroma.

Zubereitung

Den Tee in einem großen Kochtopf zubereiten und abkühlen lassen. Die Orangen auspressen und den Saft in den Tee gießen.

Die Äpfel und Weintrauben waschen. Die Trauben halbieren und die Äpfel in feine Stücke schneiden. Das Obst zu dem Tee geben.

Den Apfelsaft zu den restlichen Zutaten in den Topf geben. Den Punsch noch einmal kurz erhitzen. Den warmen Punsch eventuell mit etwas Honig süßen.

Kinderbowle

Zutaten

für 8 Portionen

- 500 g frisches Obst der Saison
- 500 ml Apfelsaft oder heller Traubensaft
- 750 ml Mineralwasser

Tipp

Die Bowle kann das ganze Jahr über getrunken werden. Wenn Sie frisches Obst der Saison verwenden, schmeckt sie immer anders und wird nicht langweilig.

Zubereitung

Das Obst waschen und in kleine, mundgerechte Stücke schneiden.
Die Obststücke in eine Karaffe oder ein Bowlegefäß geben und mit dem Apfelsaft und dem Mineralwasser aufgießen.
In Gläsern mit einem kleinen Löffel servieren.

Apfelsaft
1½ Ltr.

Das Team

Regina Palandt ist ausgebildete Oecotrophologin und arbeitet seit vielen Jahren als Dozentin in den Bereichen Ernährung und Gesundheit. Im Projekt iss dich fit! betreut sie mehrere Kindertagesstätten.

Nicole Eckelmann ist Oecotrophologin und zertifizierte Ernährungstherapeutin. In einer eigenen Praxis hilft sie unter anderem Menschen mit Lebensmittelunverträglichkeiten. Im Projekt iss dich fit! schult sie Pädagogen und gibt Kurse für Eltern und Kinder.

Heike Ullrich hat an der MHH eine Ausbildung zur Diätassistentin absolviert und dort anschließend in der Kinderklinik kleine Patienten betreut. Im Projekt iss dich fit! leitet sie Kindergruppen, gibt Elternkochkurse und schult Erzieher.

Dr. Friedrich Soretz hat das Projekt iss dich fit! konzipiert. Er leitet das Projekt und ist für die zentralen Fortbildungen zuständig. Mit seiner Firma hat er sich auf Organisationsentwicklung und Qualitätsmanagement in den Bereichen Kultur und Bildung spezialisiert.

Felix Ramlow studierte Wirtschaftswissenschaften an der Leibniz Universität Hannover. Er hatte mehrere Jahre die Projektorganisation von iss dich fit! inne. In der Zeit hat er auch als guter Geist im Hintergrund die erste Auflage dieses Kochbuchs betreut.

Die Rut- und Klaus-Bahlsen-Stiftung

Klaus Bahlsen (1908–1991) – jüngster Sohn des Gründers des hannoverschen Keksunternehmens – gründete schon 1972 zusammen mit seiner Ehefrau Rut die Rut- und Klaus-Bahlsen-Stiftung und führte dieser testamentarisch sein gesamtes Vermögen zu. Heute gehört diese Stiftung mit einem Vermögen von über 90 Millionen Euro zu den großen privaten Stiftungen in Deutschland.

Schon während seiner unternehmerischen Tätigkeit hat sich Klaus Bahlsen im Gedankenaustausch mit Wissenschaftlern mit Fragen gesunder Ernährung beschäftigt. Vollwertkost, die biologisch-dynamische Anbauweise in der Landwirtschaft und die ressourcenschonende Zubereitung von Lebensmitteln waren wichtige Themen für ihn – und sind es noch heute für seine Stiftung. Im Vordergrund steht dabei immer die praktische Relevanz der geförderten Projekte in der täglichen Anwendung.

Die Stiftung unterstützt das WABE-Zentrum der Hochschule Osnabrück, dessen Aufgabe die anwendungsnahe Forschung über Nachhaltigkeit in der

Landwirtschaft und gesunde Ernährung ist. Zu den geförderten Projekten gehören auch das Klaus Bahlsen Zentrum nachhaltige Ernährung im Energie-, Bildungs- und Erlebniszentrum in Aurich, das Altenpflegeheim Klaus-Bahlsen-Haus sowie die Kindertagesstätte Rut-Bahlsen-Zentrum in Hannover und schließlich iss dich fit!.

Für Klaus Bahlsen war es wichtig, mit Kindern, Jugendlichen, Erwachsenen und Senioren an alle Altersgruppen zu denken – Kinder und Jugendliche waren ihm dabei aber stets besonders wichtig.

Rut- und Klaus-Bahlsen-Stiftung
Berliner Allee 14 · 30175 Hannover · Telefon (05 11) 39 21 51
www.rut-und-klaus-bahlsen-stiftung.de

Materialien aus dem Projekt iss dich fit!

bunt isst gesund!

Ein Buch mit zahlreichen methodischen Anregungen für Pädagoginnen, Pädagogen und Eltern (Ökotopia 2013).

lies dich fit!

Der Newsletter zum Projekt erscheint einmal im Quartal und steht auch zum Download auf der Homepage.

www.click-dich-fit.de

Die Homepage zum Projekt

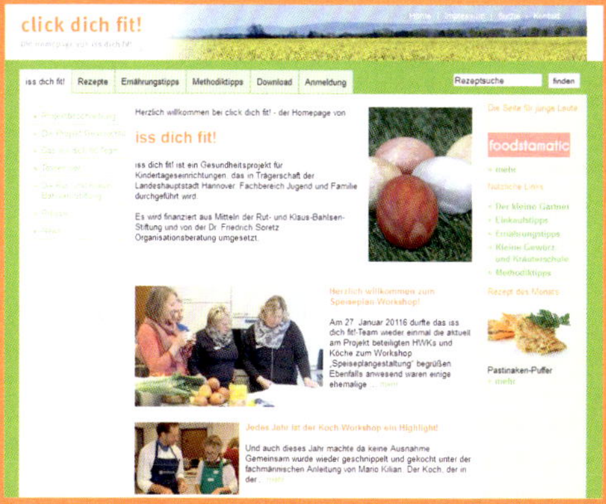

www.foodstamatic.de

Eine Homepage extra für Jugendliche!

Das schmeckt!

DAS KOCHBUCH ZUM PROJEKT iss dich fit!

Autor:
Dr. Friedrich Soretz unter Mitarbeit von Heike Ullrich,
Nicole Eckelmann und Regina Palandt
www.soretz.de

Projektleitung MADSACK Medienagentur: Annett Wagenknecht

Redaktionelle Mitarbeit: Carolyn Saliaris

Fotos: Frank Wilde, Dr. Friedrich Soretz, Jürgen Brinkmann, fotolia.com (Seite 38),
gettyimages (Seite 23), iStock (Seiten 28/29, 38)

Layout und Satz: Siegfried Borgaes, Corinna Einenkel, Sabine Erdbrink

Lithografie: Siegfried Borgaes

Lektorat: Clemens Bernhard

Herausgeber:
Rut- und Klaus-Bahlsen-Stiftung
Berliner Allee 14
30175 Hannover
www.rut-und-klaus-bahlsen-stiftung.de

Verlag:
Madsack Medienagentur GmbH & Co. KG
August-Madsack-Straße 1
30559 Hannover
www.madsack-agentur.de

Erweiterte 2. Auflage, April 2016

Druck:
Druckhaus Göttingen
Göttinger Tageblatt GmbH & Co. KG
Dransfelder Straße 1
37079 Göttingen

ISBN 978-3-946544-00-5

Bibliografische Informationen der Deutschen Bibliothek:
Die Deutsche Bibliothek verzeichnet diese Publikation in der Deutschen
Nationalbibliografie; detaillierte Daten im Internet über http://dnb.ddb.de abrufbar.

Das Projekt wird getragen von der Landeshauptstadt Hannover und finanziert
von der Rut- und Klaus-Bahlsen-Stiftung.

HANNOVER

RUT- UND KLAUS-BAHLSEN-STIFTUNG